이성
Vernunft

이성
Vernunft

이성 개념의 변천사

헤르베르트 슈네델바흐 지음
나종석 옮김

북캠퍼스

나의 형제자매들에게

서문

몰리에르는 "인간은 이성적 존재, 이를 주장한 자는 인간이 아니었다"라고 말한 바 있다.(Gosepath 1992, 3쪽 인용) 이 말처럼 우리는 분명 순수한 이성적 존재는 아니다. 그래도 우리가 원칙적으로 이성적일 수 있다는 데 이의를 제기하는 사람은 아무도 없을 것이다. 그리고 우리는 타인이나 우리 자신이 이성적이기를 기대한다.

'이성', '이성적'이라는 단어가 뜻하는 바는 무엇일까? 세상의 모든 나쁜 것에 대한 책임을 이성에 지우고 그것을 바로잡기 위해 '이성의 타자'를 상기시키는 것이 풍조였던 시대가 있었다. 그러나 묘하게 그 스스로도 이성적이기를 원했던 급진적 이성 비판의 시대는 이미 지나갔다. 그리고 우리가 배운 것은 이성을 따르고 자연 파괴와 자기 파괴를 멈출 때만 동물 종種 호모사피엔스사피엔스로서 이 행성에서 기회를 얻을 수 있다는 점이다. 이때 우리가 따라야 할 것은 무엇일까?

독일어에서 '이성Vernunft'이라는 단어는 중세 후기에 와서야 철학적 용어가 되었다. 그 전에는 그리스어와 라틴어 표현들이 있었으며, 그 의미는 철학 초기까지 거슬러 올라간다. 오늘날 이성은 마치 특수한 층위나 정신적 주체인 것처럼 매우 형이상학적으로 들리지만, 사실 특정한 방식으로 사유하고 행하는 능력인 이성성Vernünftigkeit을 의미할 뿐이다. 그렇다면 학술적이고 근대적인 느낌이 드는 '합리성Rationalität'이라는 단어를 사용하는 편이 나을지도 모르겠다. 하지만 이 표현은 키케로(기원전 106~43년) 이후 라틴 철학 전통이 인간에게 특별한 것이라고 여겼던 '이성적 동물animal rationale'의 '합리성rationalitas'을 떠올리게 하기에 적합하다. 임마누엘 칸트(1724~1804년)는 몰리에르식 오해에 맞서기 위해 인간을 '이성적일 수 있는 동물animal rationabile', 즉 이성을 부여받은, 또는 이성적 능력을 지닌 존재로 보는 편이 낫다고 제안했지만(Anthr A 315쪽), 합리성은 언제나 그런 의미를 지녀 왔다. 그러므로 이성에 관해 사유할 때 중요한 것은 생명체의 범주 안에서 우리의 특성을 이루는 그 무엇이며, 그것들은 매우 다양하다. 즉 사유, 숙고, 인식, 추측, 확신, 평가, 계산, 논증, 증명, 수수께끼 풀기 같은 것이며, 무엇보다도 말하기가 중요하다. 이성적 동물은 아리스토텔레스(기원전

384~322년)의 조온 로곤 에콘^{zóon lógon échon}, 즉 로고스^{lógos}를 지닌 생명체에 해당하며, 여기서 '로고스'는 이성을 의미하는 동시에 언어를 의미한다.

우리가 명사적 표현을 고수하는 한 '이성'은 사실 복수형이거나 집합적 단수형이다. 따라서 "그 단어가 뜻하는 바는 무엇일까?"라는 질문에 단순한 정의定義로 답할 수 없다. 너무 안일하게 철학자들이 정의 내려주기를 기대하지만, 정의가 이론의 시작에서가 아니라 기껏해야 이론의 끝에서 주어질 수 있다는 점은 대개 간과된다. 철학자들의 유용한 정의 및 개념 들은 실제로는 이론의 약어이거나 농축물이다. 또 어떤 이론의 진액津液이 타당성 있는 이성 개념을 도출할지라도 이성의 어휘가 어떤 맥락에서 나타나 어떻게 사용되는지를 먼저 탐구하지 않고서는 이성 이론을 고안해낼 수 없다. 철학서에서 철학적 맥락에 집중하는 것은 타당하며, 또 단지 현대적 맥락에만 집중하는 것으로는 충분치 않다. 이성에 관한 사유는 실제로 철학이 시작된 이래로 많은 변화가 있었기에 그 변화를 논하지 않고서 이성 개념을 설명하는 것은 불가능하다. 개념은 대체로 개념어가 사용되는 규칙에 지나지 않으며, 이는 이성 개념에도 적용된다. 따라서 이 분야에서의 변화들을 올바르게 판별하려면 각각의 사용 방식을 기술하고 변화의 교차점들을 확인하며 그 내적 관계를 재구성해야만 한다. 이 모든 것은 수많은 우발적 요소에 의해 좌우되기 때문에 미리 짜둔 계획이나 내부 논리에 따라 이루어지지 않는다. 그러므로 시도할 수 있는 것은 전체를 이야기하는 것뿐이다. 그러나 이해하기 위해 이야기해야 하는 모든 것은 역사이며, 그런 의미에서 이성에 관한 개념 설명과 그 개념의 역사는 분리될 수 없다.

개념이 변한다는 사실을 우리는 매우 잘 알고 있다. 예컨대 '물질', '삶', '운동' 또는 '자연' 등의 의미는 처음부터 바뀌어 왔다. 물론 5천 년 전 이 단어들이 의미했던 것이 오늘날의 의미와 완전히 다르다고는 할 수 없을 것이다. 우리가 리히텐베르크(1742~1799년)처럼 "영혼이 아직 불멸이었던 그 때"(Lichtenberg 280쪽)라는 농담을 하지 않는 한 말이다. 하지만 '이성' 개념에서도 그럴까? 인간의 이성은 언제나 하나의 동일한 것이었으며 이성에 관한 견해만 바뀌어 왔다고 말할 수 있을까? 그와 같은 것은 자연 개념에만 적용될 뿐이다. 반면 우리를 우리 자신과 관계시켜 해석하는 '문화 개념'이라고 부르는 개념에서는 개념과 대상 사이의 상호작용을 고려해야 한다. 인간의 자기 해석의 변화와 실제 문화적 변화 사이에는 연관성이 있다고 추정할 수 있다. 그에 비해 아리스토텔레스에서 뉴턴을 거쳐 아인슈타인에 이르는 자연과학 분야의 변화가 그 자체로 자연현상이었다고 주장한다면, 이는 터무니없는 일이다. '이성'이 문화 개념들 중 하나라는 점은 인간이 타고난 능력을 바탕으로 문화적으로 매우 상이한 것들을 만들어 왔다는 데서 알 수 있다. 그리고 아마도 철학자들의 개념적 정의가 이를 야기한 것이 아니라 오히려 그 반대였을 것이다. 이성 개념에 있어서 역사적 변화를 가져온 것은 문화 자체의 다양한 변화이다. 문화적 변화는 사람들이 그들의 합리적 역량을 확보하고자 했던 상황과도 관계되기 때문이다. 개념적 변화가 문화에도 영향을 미쳤다는 사실을 반박할 필요는 없지만, 이러한 변화를 개념적 변화로 소급하려 한다면 그것은 역사적 이상주의일 것이다.

'이성'이라는 주제 영역에서 개념사와 문화사 간의 내적 관계에 관한 사례들은 나중에 더 상세하게 다루겠지만, 적어도 여기서 언급은 해야 한다. 유명한 "뮈토스^{mythos}에서 로고스^{Logos}로"의 이행(네스틀레, 1865~1959년)은 단순한 정신사에 관한 것이 아니었다. 기원전 6세기와 5세기의 고대 그리스 사회사를 논하지 않는다면 사변 이성의 유래는 오히려 이해되지 않은 채 남게 될 것이다. 아리스토텔레스의 행위 능력과 제작 능력의 동시적 구별에서 보이는 이론이성과 실천

이성이라는 용어의 차이는 그리스 민주주의의 특수성을 반영하며, 전제적 지배 체제에서는 정치적으로 기능하지 않았을 것이다. 고대의 실천철학에 노동 개념이 포함돼 있지 않다는 것은 활동으로서의 노동을 일관되게 경멸한다는 의미이다. 그것은 자유민의 체면을 손상하는 것으로, 거기서 가부장적 노예사회의 관습이 나타난다. 근대 초 계몽주의 운동의 주관적, 비판적 이성 개념과 시민층의 사회적, 정치적 부상 사이의 관계는 계속 지적되어 왔다. 결국 근대의 다양한 합리성 개념은 현대를 규정하는 합리주의적 근대화의 모든 특징들을 보여준다. 따라서 이성 개념의 변화를 이성 자체의 문화사와 무관하게 이해할 수 없다는 데서 출발한다면, 진정으로 만족스러운 이성 개념의 역사는 사실 학제 간 프로젝트가 될 것이다. 그러나 철학자로서 분명히 해야 할 것은 우리는 문화사가가 아니며 개념사를 활용할 뿐이라는 점이다. 그러면서도 가능한 한 문화사에 근거하여 개념사를 투명하게 밝히기 위해 항상 노력해야 할 것이다. 가능한 한 말이다.

개념사는 통시적 시각에서 개념을 설명하는 것이다. 따라서 여기서는 '이성'에 관한 정의들의 순서가 아니라 이성 구상의 환경에 속하는 개념어들의 변화하는 사용 방식을 기술하는 문제가 중요하다. 제한된 공간에서 이는 개략적으로만 가능하다. 관련되는 단어들을 살펴보면 어떤 개념어들이 중요한지 알 수 있다. '지성'을 뜻하는 'Intellekt'나 '합리성'을 의미하는 'Rationalität' 같은 외래어를 제외하면 독일어에서는 '지성Verstand'과 '이성Vernunft'이라는 표현이 지배적이다. 이 단어들은 1,300년 후에야 라틴어 '인텔렉투스intellectus'와 '라티오ratio'의 번역어로 등장했으며, 이후 혼용되기까지 했다. 결국 칸트에 와서 '지성Verstand'이 '인텔렉투스intellectus'를, '이성Vernunft'이 '라티오ratio'를 의미하게 되었다. 훗날 쇼펜하우어가 이를 다시 되돌리려 했지만 성과를 거두지 못했다. 라틴 철학에서 '인텔렉투스'와 '라티오'는 키케로 이후 그리스어 표현 '누스noûs'와 '디아노이아diánoia'를 대신한다.

독일어에서 '이성'은 동사 '듣고 지각하다vernehmen'에서, '지성'은 '이해하다verstehen'에서 비롯되었지만, 이러한 사실은 더 이상 우리에게 도움이 되지 않는다. 어원학을 바탕으로 철학하는 것이 대체로 잘못된 결과로 이어지는 것처럼 말이다. '듣고 지각하는 이성'은 낭만주의 이래로 개인의 자율성과 자연에 대한 과학적 지배를 주장하는 계몽주의의 합리성 구상에 대한 대조적, 투쟁적 개념이었으며, 마르틴 하이데거(1889~1976년)도 비슷한 의도로 그것을 다시 다루었다. '지성'이라는 용어는 칸트에게서 유래했지만, 이는 '이해하기'와는 전혀 관련이 없다. 그에 따르면 지성은 판단하는, 또는 무언가를 설명하는 능력이다. 그리고 누군가에게 무언가를 설명했다면 그는 그것을 이해할 수도 있다. 말하자면 철학적 용어인 '지성'은 우리가 일반적으로 이해 개념과 연관 짓는, 그리고 역사적이며 해석학적인 소위 정신과학이 그 방법론적 기초로 간주하는 언어, 텍스트 그리고 의미 이해와는 아무 관계가 없다. 그러므로 우리는 우선 그리스어의 단어 영역들을 참조했다. 이때 유의해야 할 것이 있다. '이성'이라는 영역의 개념이 의미하는 것에 관해 초기의 철학자들이 숙고할 때 그들은 그리스 구어口語에서 추출할 수 있는 개념들 외의 다른 개념들을 활용할 수 없었다. 이 분야에서 그들의 언어는 대부분 명확하지 않았으며, 용어의 정의는 비교적 늦게 이루어졌다. 가장 중요한 두 개의 단어 영역은 '로고스'와 '누스'라는 표현을 둘러싼 영역이다.(Schadewaldt 162쪽 이하 참조)

로고스의 사전적 의미는 단어, 말, 언어, 의미, 개념, 사상, 사유 능력, 이성 등이다. 기본 동사 '레고légo'는 두 가지 의미가 있다. 첫 번째 의미는 '수집하다, 모으다'(라틴어 동사 읽다 legere와 비교하라), 두 번째 의미는 '말하다, 명명하다, 연설하다'이다. 언어, 단어, 말 등에 관한 다른 단어들과 달리 로고스는 구조적으로 이해되어야 한다는 점이 분명해진다. 아리스토텔레스가 인간을 "로고스를 지닌 생명체"(*Pol* 1253a 9쪽 이하)라고 명명했을 때 로고스는 '이성'과 '언어'로 동시에 번역될 수 있다. 따라서 로고스는 음성에 의해 형성되며 이해할 수 있는 어떤 것을 산출할 수 있도록 구조화되어 있다. 독일의 고전 문헌학자 볼프강 샤데발트(1900~1974년)는 호메로스의 표현에서 출발하여 수집하기, 해석하기, 집단 이루기, 셈하기(logízesthai - 평가하기, 숙고하기)를 배경 의미로 강조한 후, '라티오^{ratio}'의 라틴어 뜻(reor, ratus sum - 계산하기, 평가하기)을 참조하여 다음과 같은 결론에 도달한다. "간단하게 말하자면, 정신적 영역에서 그 단어의 기본 의미는 단순한 행위 영역의 의미에서 파생되어야 하며, 따라서 그것은 정신적 계산이다."(Schadewaldt 185쪽)

'누스^{noûs}'(원래는 nóos)에는 동사 '노에인^{noeîn}'뿐만 아니라 '노에시스^{nóesis}'와 '노에마^{nóema}'가 포함된다. 이는 대개 '사유하기', '사유 능력' 그리고 '사상'으로 번역되지만, 중요한 것은 철학적 용어다. 호메로스의 노에인은 무언가를 느끼고 알아차리는 능력을 의미하지만, 항상 전체와 관련되어 있다. 이때 언제나 시각이 지배적이다. 그리고 여기서 언어사적으

14

로 인식에 대한 그리스어 표현이 일반적으로 동사 '보다'의 개념 분야에 뿌리를 두고 있다는 사실을 확인할 수 있다. 플라톤(기원전 428~347년경)도 누스를 "영혼의 눈"이라고 기술한 바 있다.(*Resp* 508 c/d 참조) 사유하기와 인지하기의 차이는 철학에서 먼저 안정화될 필요가 있었다. 아리스토텔레스는 사유하기(noeîn)와 감각적 인지(aisthánesthai)를 구별하지 않은 옛 사람들을 비판하기도 했다.(*De an* 427a 20쪽 이하) '노에인'이라는 단어에서 중요한 변화는 '디아노이아diánoia'로, 철저히 사고하는 능력(dianoeîsthai) 또는 정신적인 개별 결정들을 단계별로 통과해가는 능력을 말한다.

플라톤과 아리스토텔레스에게서 이 두 가지 표현은 두 개의 상이한 사유의 기본 기능을 의미한다. '누스'는 영적인 어떤 것을 한눈에 전체로서 포착하는 능력을, 디아노이아는 사유 과정의 연속성을 가리킨다. 이 순수 지성적 사고와 추론적 사고의 병존(Oehler 참조)이 라틴어로 형성된 용어에서 직관적(라틴어 intueor, intuitus sum - 바라보다, 응시하다) 사유와 추론적(라틴어 discurro - 통과해 달려가다, 통과해 지나가다) 사유의 차이로 재현된다. 그리고 이 병존이 현대까지의 이성에 관한 사유의 전체 역사를 규정한다.

따라서 이성 개념의 역사는 무엇보다도 '로고스'와 '누스'

의 적용 방식, 그리고 라틴어와 독일어에서 그에 상응하는 것들의 변화로 방향을 정해야 할 것이다. 또한 다른 개념들의 전체 계열이 포함될 수도 있을 것이다. 가령 '프로네시스 phrónesis'(라틴어 prudentia = Providentia), 즉 '지혜' 같은 개념은 칸트에 와서 지성과 이성 사이의 판단 능력으로 되돌아온다. 완전한 이성의 역사에서 고려되어야 할 다양성은 '이성/합리성'이 단순히 단수가 아니며 인간 역량의 가족적 유사성을 나타낸다는 점이다. 중요한 것은 완결된 체계화를 허락하지 않는 열린 구상이다.

'이성'이라는 집합적 개념을 개념사적으로 설명하는 이 시도는 다음의 선도적 논제를 따른다. 즉 이성 개념의 역사는 본질적으로 이성 개념에 대한 비판의 역사였다. 이는 이 분야의 모든 중요한 변화, 확장 그리고 추가 사항이 비판적 반론들을 통해 강제되었다는 의미이다. 그 반론들은 이성이 이성 자체에 관한 이성적 사유를 하는 데 있어서 더 이상 거부될 수 없는 것들이었다. 이 점을 역사적 사료로 입증하려는 시도와 함께 확증되어야 할 기본 논제는 이성과 비판이 서로 긴밀하게 결합되어 있다는 것, 따라서 이성은 본질적으로 비판적이라는 것, 그리고 무비판적 이성은 사실상의 비이성이 되어 버린다는 것이다. 이는 칸트의 논제이기도

했는데, 그의 프로젝트에서 '이성 비판'이라는 표현은 주격 소유격이자 목적격 소유격이다. 중요한 것은 이성 자체를 통한 이성 비판이다. 그렇게 할 때에만 이성은 이성성을 증명할 수 있다. 또한 비판의 역사로서 이성 개념의 역사가 언제나 이성 자체의 변화의 역사였던 이유도 이해할 수 있다. 이성이 스스로 만든 개념의 변화는 이성 자체를 변하지 않은 채로 내버려둘 수 없기 때문이다.

차례

일상 이성 비판

:고대 그리스에서의
사변 이성의 생성에 관하여

＊＊＊

철학자들이 세상 물정을 모른다는 조롱 섞인 비난은 철학 자체만큼이나 오래된 것이다. 그들의 이야기는 탈레스(기원전 624~546년경)와 함께 시작되었는데, 플라톤은 당시 널리 퍼져 있던 그에 관한 일화를 들려준다. "한번은 탈레스가 별을 관찰하기 위해 하늘을 바라보다 우물에 빠졌다. 그때 재치 있고 똑똑했던 트라키아의 한 하녀가 그를 조롱하며 말했다. '그는 하늘에서 무슨 일이 일어나고 있는지 알고 싶어 하지만 그의 근처, 발 앞에 있는 것은 그에게 감추어져 있다네.'" 플라톤은 덧붙인다. "이런 조롱은 철학에 완전히 빠져 사는 모든 사람에게 적용된다."(*Theait* 174a 이하) 탈레스는 당시 매우 존경받는 인물이었을 뿐만 아니라 정치적으로나 경제적으로 매우 성공한 밀레투스의 시민이었으며, 후에 고대 7현인에 속한다. 반대로 트라키아의 하녀는 이방인이자 노예로, 사회 계층상 최하층민에 속했는데, 이 점을 고려하면 그녀의 말이 어느 정도의 조롱이었는지 분명해진다. 여기서 우리는 서양철학의 기원 또는 건국 신화에 관해 말할 수 있다.(Blumenberg 1987 참조) 실제로 서양철학은 일상의 개연성 그리고 감각적 경험 세계에서 즉각 포착 가능한 증거들로부터 급진적으로 이반離叛하는 데서 탄생하기 때문이다. 어떤 이가 밝은 곳에 서서 그의 발 앞에 선명하게 놓여 있는 것을 못 보고 어둠 속 별에 관심을 두는 것을 보고 트라키아의 하녀가 놀려대는 상황은 대조를 보여준다. 플라톤에 따르면 이 대비는 진정한 철학자를 정의하는 동시에 그를 우스꽝스럽게 만든다. 말하자면 플라톤은 생활 세계에서 상식적으로 중요하게 여기는 모든 것에 관한 철학자의 무관심을 다음과 같이 설득력 있게 설명한다. "그리고 이 모든 것에 관해 알지 못한다는 점을 철학자는 전혀 알지 못한다. 왜냐하면 그는 가령 좋은 평판을 얻기 위해서 그것을 멀리하는 것이 아니기 때문이다. 실제로 이 폴리스에는 철학자의 육신만 있을 뿐이고, 그는 거기에 이방인으로 머무르고 있기 때문이다. 그러나 그의 사유는 이 모든 것을 하찮고 공허한 것으로 여긴다. 모든 곳을 경멸하며 방황하고, 핀다로스[기원전 522~446년경. 고대 그리스의 시인- 옮긴이]가 말한 것처럼 모든 '대지의 깊이'와 그 위에 있는 것을 측정하며, '하늘 위' 별을 관찰하고, 명백한 것에 얽매이지 않으면서 총체적으로 존재하는

모든 것의 저마다의 본성을 도처에서 탐구한다."(*Theait* 173d 이하)

　일상의 세계와 철학자의 세계가 서로 낮과 밤 같은 관계라는 것을 플라톤이 최초로 확신한 것은 아니다. 이미 그보다 오래전 초기의 자연철학자들은, 시인 핀다로스의 표현에 따르면 "총체적으로 존재하는 모든 것의 저마다의 본성"을 탐구할 수 있도록 지표면을 떠나 대지의 심층으로 내려가고 하늘을 가로질러 별을 향해 솟구쳐 올라야 한다고 가르쳤다. 이때 '뻔한 것', 즉 친숙한 것과 익숙한 것에 얽매여서는 안 된다. 실제로 그들이 질문한 것은 "모든 사물의 '본성', 즉 퓌시스physis란 무엇인가?"였다. 그리고 이에 답하기 위해서는 사물 자체와 그에 관한 설명에만 머무를 수 없었다. 오늘날 우리는 이 질문을 사물의 본질에 관한, 또한 사물의 현존재와 상재相在의 토대에 관한 질문으로 이해한다. 이를 위해 최초의 철학자들은 '시작', '제일 존재' 그리고 '지배'를 동시에 의미하는 '아르케arché라는 단어를 만들었다. 본성에 관한 연구를 한 이들은 '생리학자'라 명명되는 편이 더 낫거나 적어도 '자연철학자'라 불려야 할 것이다. 탈레스가 "총체적으로 존재하는 모든 사물의 본성"을 '물'이라고 규정했을 때 물은 최초에 있었던 그 무엇으로, 모든 것을 규정하고 모든 것을 구성하는 것을 의미했다. '아르케'라는 단어는 실제로는 정치 언어('아나키Anarchie - 지배의 부재' 참조)에서 나온 은유로, 그리스인들에게 이 말은 연장자가 보다 고귀하며, 그러므로 그들이 지배하도록 정해져 있다는 확신을 나타낸다. 따라서 지배자들의 계보가 큰 의미를 갖게 된다. 그들의 정당성은 신의 혈통과 직접 연결되었던 것이다.

지금 있는 모든 것이 사실 물로 이루어져 있고 현존재의 근원인 물에 의해 규정되어 있다는 주장은 전혀 수긍될 수 없을뿐더러 트라키아의 하녀가 그랬던 것만큼이나 조롱 당할 만하다. 그러나 우리가 탈레스의 말이 무엇을 뜻하는지 정확히 알지는 못하더라도 물의 다양한 응집 상태, 또는 물 없이는 생명도 있을 수 없다는 사실을 떠올리면 전혀 틀린 말은 아니다. 탈레스는 땅을 거대한 생명체라고 이해했기 때문이다. 아리스토텔레스가 추정하기에 탈레스는 그의 동시대인과 마찬가지로 땅이 대양 위를 떠다닌다고 보았기에 물을 아르케라고 여겼던 것이다.(*Met* 983b 20쪽 이하)

탈레스의 후예인 자연철학자들은 아르케를 다르게 규정했다. 아낙시만드로스(기원전 611~546년경)는 무한정한 것(아페이론ápeiron - 제한되지 않은 것, 무한정한 것, 그러므로 규정되지 않은 것)이라고, 아낙시메네스(기원전 525년 사망)는 공기áer라고 했다.

그들은 항상 명백한 것에서 만물의 기저에 놓여 있기에 명백하지 않은 것으로 이어지는 사유의 길을 밟았다. 훗날 아리스토텔레스는 이렇게 기술한다. "처음 철학을 했던 대다수는 사물의 근원이 재료 형태의 것이라고 믿었다. 왜냐하면 그들이 사물의 요소와 근원(아르케)에 관해 설명하는 것은 만물이 무엇으로 이루어져 있는지, 본래 어디로부터 생겨나서 최후에 어디에서 소멸하는지에 관한 것이기 때문이다. 실체(ousía - '본질'이라고도 함)는 존재하지만 그 상태는 변한다. 그리하여 그들은 그 같은 근원(아르케)이 언제나 보존된다는 견해에서 어떤 것도 [무에서] 생성되지 않으며 [무로] 소멸되지 않는다고 믿는다."(Met 983b 6쪽 이하) 분명 이 모든 초기의 사상가들에게 있어서 만물의 본성인 아르케를 탐구하기 위해 필요한 것은 감각으로 파악하는 것과 같은 세계의 개연성으로부터 등을 돌리는 것이었다. 이때 자연철학자는 세상 모든 것의 생성과 변화, 소멸을 좌우하는 것은 스스로 생성되지 않으며, 변화하고 사라질 수 없다는 그들의 기본 신념을 좇는다. 또 신들의 영원성과 관련된 오래된 믿음은 새로운 형태로 계속된다. 그러나 우리의 일상적 경험은 무엇이 변하고 무엇이 덧없는지만 알고 있다. 그러므로 생성되고 있던 철학은 건전한 인간 지성에서 벗어나는 결연한 시각의 변화를 요구한다.

최초의 위대한 철학자들은 트라키아 하녀의 조롱과 동시대인들의 도리질을 온전한 경멸로 되돌려주었다. 헤라클레이토스(기원전 540~480년경)는 말한다. "영원한 것인 이 (나의) 로고스를 사람들은 듣기 전에도, 들은 직후에도 이해하지 못한다. 모든 것이 이 로고스에 따라 일어나지만, 그들은 [편하게 옮기자면] 아무것도 모르는 자들과 같아서…"(*Fr.* 1쪽) 헤라클레이토스가 '로고스'로 가리킨 것은 단순히 자신의 말이 아니라 그것이 의미하고 제시하려 한 것, 즉 "모든 것이 그에 따라 일어나는" 영원한 세계의 법칙이다. 헤라클레이토스에 따르면 이 로고스는 '진정으로 신적인 것'이다. 그는 이것을 불과 동일시하며('불의 숨결'이라는 의미에서) 그렇게 아르케의 재료적 해석을 고수한다. 헤라클레이토스는 영원한 것과 불변하는 것을 우리 일상 세계의 변하는 것과 덧없는 것의 근본이자 법칙이라고 이해한다. 일상 세계에서는 "모든 것이 유전流轉"한다. 모든 것은 상반되는 것들의 투쟁 pólemos에 의해 결정되기 때문이다.

헤라클레이토스의 위대한 적수 파르메니데스(기원전 515년~445년경)는 한 걸음 더 나아가 변하는 것과 덧없는 것이 존재한다는 사실을 부인한다. "있는 것은 있고 없는 것은 없

28

다"(*Fr.* 4쪽)는 그의 첫 번째 주장이 의미하는 바는 다음과 같다. 어떤 형태로든 '아님', 즉 부정을 포함하거나 전제하는 것은 실제로 '있을' 수 없다는 것이다. 없는 것이 '있다'는 것은 불가능하기 때문이다.(*Fr.* 6쪽 참조) 따라서 실제로는 성질의 차이가 있을 수 없다. 붉은색은 동시에 녹색일 수 없기 때문이다. 실제로 존재하는 것은 생성되거나 소멸될 수 없다. 이는 비존재에서 존재로의, 또는 그 역방향으로의 이행을 의미한다. 더욱이 참된 존재자는 변화하거나 심지어 움직일수 없다. 그것의 상태 또는 공간에서의 위치와 관련해서도 "아님"이 관계될 것이기 때문이다. 이 모든 것은 전혀 납득되지 않지만 파르메니데스에 따르면 이것만이 진실이며, 이것을 믿지 않고 외관만을 좇는 사람은 "무지하고 머리가 둘 달린 덧없는 자"이다. 그들은 "어리석고 판단하지 않으며, 귀와 눈이 먼 채로 표류한다."(*Fr.* 6쪽)

파르메니데스는 "사유(노에인)와 존재(에이나이eînai)는 동일한 것"(*Fr.* 5쪽)이라는 수수께끼 같은 말을 남겼는데, 이에 대한 해석은 오늘날까지 논란이 되고 있다. 사유와 존재를 어떻게 동일시한다는 것인지 이해하기 어렵다. 그러나 이를 실제로 '있는' 것, 말하자면 '영원하고 불변하는 것은 오직 사유로만 파악될 수 있다'는 주장으로 이해한다면 이 사상에 가장 가까이 가는 것이다. 따라서 논제는 "존재는 생각된 것과 동일하다"가 된다. 그리스어에서 '노에인'은 오늘날 우리에게 익숙한 사유하기의 의미가 아직 아니었다. 그것은 봄의 모델을 지향하는, 무언가를 무언가로 알아차림을 의미했다. 그러나 파르메니데스의 노에인은 이 알아차림을 비감각적 영역으로 아주 엄격하게 제한하며, 이로써 매우 오랜 시간 후에 '사변 이성'이라 불린 것의 원형이 된다.

오늘날 '사변Spekulation'이라는 말은 주로 주식 시장과 연결되거나[현대 독일어에서 'Spekulation'이라는 단어는 '비현실적 사고와 공론', '경제적 투기'를 뜻한다. - 옮긴이], "그것은 순전히 억측이다"라는 식으로 경멸을 표현할 때도 사용된다. 반면 헤겔(1770~1831년)에 이르기까지 사변은 최고의 이성적 능력으로 간주되었으며, 플라톤이 말했듯 "정신의 눈"으로 참된 것을 관찰함(라틴어 speculor - 주위를 엿보다, 관찰하다)을 의미했다. 따라서 이성은 사변적이었으며 정신적인 것, 즉 사유로만 파악할 수 있는 것을 파악할 수 있었다. 여기서 '사유하기(노에인)'는 감각적 지각의 유비類比로, 바로 더 높고 비감각적인 인지 능력으로 이해되었다.

칸트는 여전히 다음과 같이 정의한다. "[감각적] 경험으로는 도달할 수 없는 대상 또는 대상의 그 같은 개념들과 관

계될 때 이론적 인식은 사변적이다."(*KrV* 662쪽) 여기서 '이
론적'이라는 말이 의미하는 것은 그 단어의 원래 의미에 따
르면 노에인의 자세, 즉 바라보고 직관하고 관찰하는 것이
다. 이렇게 파르메니데스는 일상 이성 비판을 급진화함으로
써 순수 지성적 또는 직관적 이성 개념을 확립했으며, 이후
이 개념은 해석이 변화하는 가운데 전체 철학사를 관통하여
현대에까지 전해졌고, 계속해서 진정한 이성 인식의 도구로
자리매김해 왔다.

그리스인에게 사변 이성의 출현은 "뮈토스에서 로고스
로"의 이행을 의미하기도 했다. 사실 이 간명한 공식의 정확
한 의미에 관해 답하기는 상당히 어려운 일이다. 고대 그리
스의 구어에서 '뮈토스'와 '로고스'는 원래 같은 것, 즉 '말해
진 것, 단어, 말'을 의미했다. 그리스인들이 적어도 헤시오도
스(기원전 700년경) 이래 신화학, 즉 논리적으로, 유의미하게
구조화된 형태의 수많은 지방 신화들을 가지고 있었다는 점
을 감안하면 뮈토스와 로고스가 처음에는 단순히 대립되는
개념이 아니었다는 것을 알 수 있다. 그러나 뮈토스를 특정
한 세계관과 세계 해석의 기본 구조로 이해한다면, 그것이
의미하는 것은 보고와 이야기를 통해 세계를 이해할 수 있
게 만드는 과정이다. 이 이야기들은 대개 자연의 힘을 의인

화한 것으로 간주되는 신적 인물들의 행위와 관련된 사건들을 묘사한다. 따라서 초기의 자연철학자들이 현실의 물질 또는 기본 구조로서의 아르케로 방향을 전환한 것은 감각적으로 파악할 수 있는 일상 세계로부터의 이반일 뿐 아니라 동시에 뮈토스의 감각적 다채로움과의 작별을 의미하는 것이라고 이해할 수 있다. 따라서 일상 이성에 대한 철학적 비판은 직접적으로 신화적 세계 이해에 대한 비판이었다.

이에 관해 크세노파네스(기원전 570~475년경)는 초기지만 급진적인 사례 하나를 전해주었다. "에티오피아인들은 신들은 검은 피부에 뭉툭한 코를 가졌다고 상상한다. 반면 트라키아인들은 신들은 푸른 눈에 붉은 머리를 가졌다고 상상한다. 소, 말 또는 사자가 손을 가지고 있어서 그림을 그리고 사람처럼 작품을 창작할 수 있다면, 그때 말은 말을 닮은, 소는 소를 닮은 신을 그리며, 그들 자신과 같은 형상의 신을 창조할 것이다." 그러고서 그는 덧붙인다. "단 하나의 신, 신들과 인간들 중 가장 위대한 자가 지배하는 것이다. 그 하나의 신은 외양적으로도 사상적으로도 사멸하는 인간과 닮지 않았다. […] 그는 완전하게 보고 완전하게 생각하며 완전하게 듣는다. […] 그는 언제나 같은 자리를 고수하며 전혀 움직이지 않는다. 여기저기 왔다 갔다 하는 것은 그에게 어울리지 않는다."(*Fr.* 16, 15, 24 u. 26쪽) 이미 인간의 형상^{morphé}에 따라 신적인 것을 상상하는 신인동형설에 관한 비난이 신화 비평 레퍼토리의 한 축을 이루었고, 크세노파네스에 이르러서는 인간과 유사한 모든 것이 근본적으로 제거된 신의 표상으로 이어졌다. 그리하여 무엇이 이 유일신을 여전히 헤라클레이토스의 로고스나 파르메니데스의 에이나이와 구별되게 하는지에 관해 더 이상 분명하게 말할 수 없게 되었다.

6세기 이후 '뮈토스'라는 단어는 부정과 경멸의 의미로 점점 더 많이 사용된다.(*HWP* 6, Sp. 281쪽) 이에 관해 크세노파네스의 말을 다시 인용할 수 있다. "호메로스와 헤시오도스는 인간에게 언제나 불명예스럽고 치욕일 뿐인 모든 것, 즉 도둑질, 간음, 서로에 대한 기만을 신들에게 덮어씌운다."(*Fr.* 11쪽) 정치적 권력 관계에서 정당성의 원천이었으며 규범적 교육 자료이기도 했던 그리스 신화 전승은 점점 더 유치하고 터무니없고 거짓되며 도덕적으로 비난받아 마땅한 옛이야기들의 집합체로 여겨졌다. 그 자리는 로고스로 대체되어야 했다. 로고스는 '말해진 것, 단어, 말'을 뜻했지만, 진실하고 책임질 수 있으며 논증 가능한 서술이라는 부차적 의미도 가지고 있었다. 따라서 단어 로고스는 철학자들에 의해 계속해서 '사상', '학설', '논증', '근거', '원칙' 그리고 마지막으로 '이성' 같은 더 많은 의미를 부여받게 된다. 여기에는 물론 '언어 능력'도 포함된다. '논증된, 검토할 수 있는 담화'라는 의미에서 '논리적인 것' 또는 '합리적인 것'이 신화적인 것의 자리에 들어서야 한다는 것, 이것이 '로고스 중심적' 또는 '합리주의적' 철학 전통의 지도적 목표이지만 다른 고도 문화에는 이에 상응하는 것이 없다.

　게다가 "뮈토스에서 로고스로"라는 공식은 세계를 해석하는 데 있어서 격식에 구애받지 않는 서술과 우화에서 벗어날 뿐 아니라, 신과 악마 같은 초자연적 층위와 힘에 관해 그 어떤 언급도 하지 않는다는 의미이기도 하다. 말하자면 로고스의 원칙은 '논리적인' 어떤 것, 즉 사유와 인식을 허락하는 것에서 자연을 설명하라고 요구한다. 그리고 그것이 우리의 감각적 경험의 한계를 넘어서 사변 이성을 통해서만 발견될 수 있다면 이는 자연 자체에서 발견될 수 있어야 한다. 아르케를 탈레스는 물이라고 하고, 아낙시만드로스는 무한정한 것, 규정되지 않은 것이라고 하고, 파르메니데스는 무규정적 존재라고 한 것도 로고스를 매개로 자연을 그 자체로부터 설명하려고 시도한 결과들이다.

　당시 누구에게나 친숙했던 일상어로 된 고대 그리스어 표현 '로고스'와 '누스'(노에인의 능력)가 철학적 용어로 떠오른 그 순간 세계를 "최심층부에서 결합하는", 그리고 그 흐름을 결정하는 원칙들의 명칭으로 되돌아온다는 점은 주목할 만하다. 그리하여 헤라클레이토스에게 로고스는 세계의 근원이자 동시에 그 말이 설명하는 세계의 법칙이다. 아낙사고라스(기원전 500~430년)는 세계의 생성과 운동의 근원이 누스라고 가르쳤다. 그는 누스를 일종의 재료적 실체, 즉 "만물 중에서 가장 순수하고 가장 좋은 것"이라고 생각했다.(Fr. 12쪽) 인간의 누스는 그것의 미미한 파생물일 뿐이다. 그 이유는 고대 시대 내내 인간의 사유를 통해 의미가 부여된 모든 것이 항상 그 객체에 의해 결정되었기 때문이다. 그러므로 대관절 무엇이 사유에 의해 파악될 수 있는지 규정하는 것은 근세 철학이 가르치는 것처럼 우리의 사유가 아니라 그 반대다. 사유로만 파악될 수 있는 것, 그것이 사유가 무엇인지를 확정한다. 그런 까닭에 주관적 이성으로서 인간 이성은 그에 주어진, 객관적으로 이성적인 어떤 것에 입각해서 확정된다. 바로 로고스, 누스 또는 생각해 볼 수만 있을 뿐인 에이나이의 객관적 이성에 입각해서 말이다.

플라톤과 아리스토텔레스는 '로고스'와 '누스'라는 표현을 주관적 의미로만 사용한다. 하지만 인간의 사유 및 인식 역량과 관련해서는 그들 역시 여전히 세계의 객관적 구조를 지향한다. 이에 대한 패러다임이 되는 것이 플라톤의 『국가론Politeia』에 나오는 '선분의 비유'다.(Resp 509d 이하) 여기서는 우선 완전히 파르메니데스의 의미에서 가시적인 세계와 오로지 사유할 수 있는 세계, 즉 순수하게 생각으로만 파악할 수 있는 세계가 구별된다. 이때 두 세계는 서로 모사와 원본 같은 관계에 있다. 그러므로 플라톤은 파르메니데스처럼 가시적 세계의 모든 존재를 부정하는 것이 아니라 가지적可知的, 즉 사유 가능한 세계에 의존하는 것으로 이해한다. 플라톤에 따르면 원본과 모사의 관계는 두 세계 모두에서 반복되므로 전체 세계는 네 개의 층위를 보여준다. 가시적 세계에는 실제로 눈에 보이는 것들, 즉 식물, 동물, 인공물의 모사인 형상과 그림자가 있다. 가지적 세계에는 이데아의 모사인 기하학자의 '가설'이 있는데, 플라톤의 학설에 따르면 이데아는 존재하는 모든 것의 원본이며, 존재 근거이다. 인간의 인식 단계는 총체적인 현실의 이러한 구조와 정확하게 일치한다. 가시적 세계는 억견(dóxa)의 세계인데, 여기서는 다시 '확신'(pístis)의 의미에서의 믿음과 감각적 사물 내지 그것의 모사로 향하는 단순한 추측(eikasía)을 구별해야 한다. 사유하며 파악한다는 엄격한 의미에서의 사유 활동(nóesis)을 가능하게 하는 가지적 세계의 구조를 따르는 것은

'디아노이아'와 '에피스테메^{epistéme}'라는 두 개의 인식 단계로 이어진다. 이 단어들은 후에 거듭하여 '지성'과 '이성'으로 번역되었으나, 이는 혼동을 초래한다.

플라톤은 기하학으로 사유 가능한 세계의 하층부에 관해 설명하는데, 이는 다음과 같은 그의 관찰과 일치한다. 기하학자들은 막대기로 모래에 도형을 그린 다음 삼각형 내각의 총합에 관해 논증하는데, 이때 실제로 그들이 가리키는 것은 가시적 형태 그 자체가 아니다. 기하학자들은 '그' 삼각형 또는 '그' 원에 대한 사례로서만 그 형태를 취한다. 여기에 관계되는 것은 오직 그들의 증명뿐이다. 플라톤은 이 과정을 기하학자들의 정신적인 눈이 가시적인 것을 통해 비가시적인 구성물, 즉 기하학적 과학의 이상적 대상으로 향하는 것이라고 이해한다. 그래서 기하학은 사유할 수만 있는 세계와 관계된다.

이에 속하는 인식 형태를 플라톤은 '디아노이아'라고 부른다. 이때 그는 일상에서 통용되는 그 단어를 문자 그대로의 의미로 되돌리며 용어적으로 고정시킨다. 여기에는 '노에인'(생각하다, 알다)의 어근도 담겨 있지만, 이 단어는 'dia'(통하여)로 인해 '생각을 통하다' 또는 '차근차근 알아가다'라는 의미를 얻는다. 기하학도 이와 마찬가지이다. 여기서 인식은 구성과 개별 증명의 단계를 통해서만 얻을 수 있기 때문이다. 앞에서 얘기한 바와 같이 플라톤이 확정한 '디아노이아'는 후에 라틴어 '라티오'로 재현된다. 이는 추론적인 사유 및 인식 능력을 의미한다. 그러나 플라톤에 따르면 사유 및 인식 능력의 보다 상위의 형태는 최고 목표인 관념의 인식으로 향하는 에피스테메다. 물론 에피스테메는 즉시 가능하지 않지만 기하학과 변증법을 필요로 하며, 따라서 교수법적 준비 차원에서 사실에 입각한 설득 기술이 필요하다. 이것이 플라톤의 아카데미아 정문에 "기하학을 모르는 자, 들어오지 말라!"라는 문장이 적혀 있는 이유이다.

디아노이아는 아리스토텔레스(*NE* 1139b 15쪽 이하 참조)에게서 학문적 인식(에피스테메)의 상례常例가 된다. 아리스토텔레스에 따르면 모든 학문은 증명된 지식이기 때문이다. 그는 직관적 누스를 지식 요소의 작은 영역으로 제한한다. 이 요소들은 증명될 수 없는 것이다. 모든 증명에서 이들이 항상 전제되어야만 하기 때문이다. 그 예로 모순율을 들 수 있는데, 모순율에 따르면 하나의 주장과 그에 대한 부정적 반대는 두 가지가 동시에, 그리고 동일한 견지에서 '참'일 수 없다. 아리스토텔레스는 에피스테메와 누스의 결합을 '지혜'라고 본다. 그럼에도 플라톤과 아리스토텔레스 역시 객관적 이성이라는 고대의 기본 관념, 즉 세계가 객관적·이성적으로 구조화되어 있으며, 이성적 세계 인식을 가능하게 하는 것은 이 이해할 수 있는, 사유로만 파악할 수 있는 세계 구조들이라는 확신을 따른다. 따라서 순수하게 정신적이며 일상 이성의 감각적 증거들을 넘어서는 인식 방식이라는 의미의 사변은, 형이상학적 합리주의로서 우리의 철학적 전통을 거의 완전하게 규정했던 세계의 객관적 이성성에 대한 서양의 기본적 신념의 주관적 대립물이다. 그러므로 사변 이성은 대개 합리성의 최고 형상으로, 순수한 이론은 인간 이성의 가장 고귀하며 가장 높은 활동 분야로 여겨졌다. 아리스토텔레스에게는 이론적 생활양식은 인간적인 영역에만 머물러 있다는 논증으로 경제적, 정치적 생활양식보다 상위에 있다. "인간은 우주에서 최선의 존재가 아니기 때문이다." (*NE* 1141a 23쪽)

플라톤과 아리스토텔레스에 따르면, 우리는 이성의 힘으로 단지 인간적인 것보다 더 상위에 있는 것이 무엇인지를 인식할 수 있으며, 그런 까닭에 생각할 수 있는 최고의 행복을 우리에게 준다. 그리하여 여기서 벌써 플라톤의 '태양의 비유'(*Resp* 508a 이하 참조)에서와 같이 객관적 이성의 세계 구조가 그 이성적 인식 가능성을 논증한다. 이에 대립되는 것이 구성적 주관성의 표상이다. 구성적 주관성은 자연에 대한 이해로 그 법칙들을 규정하고(*Prol* A 113쪽) 학문의 기초를 준비하는데, 이는 전체 고대 시기에 완전히 이질적인 것이었으며 근세에 와서야 등장한다.

그러나 일상 이성의 비판을 통한 사변 이성의 출현은 개념사적 변화만을 대변하는 것은 아니다. 그에 수반된 인간의 합리성에 관한 자기 해석의 변화는 아리스토텔레스가 아주 공개적으로 말한, 매우 특정한 사회사적 조건들을 가리킨다. 모든 철학과 마찬가지로 경탄(thaumázein)으로 시작했던 가장 오래된 철학자들에 관해 그는 다음과 같이 말한다. "만약 그들이 무지에서 벗어나기 위해 철학을 했다면, 그들은 분명 어떤 이익을 위해서가 아니라 인식을 위해서 학문을 추구했던 것이다. 이는 사건의 진행 과정에서도 입증된다. 삶의 안락함과 즐거움에 필요한 거의 모든 것이 존재했던 때에 사람들은 이러한 종류의 통찰을 찾기 시작했기 때문이다."(*Met* 982b 19쪽 이하) "그런 까닭에 이 같은 종류의 모든 것이 이미 정리되었을 때, 사람들이 여가(scholázein - 학교를 뜻하는 독일어 'Schule'는 원래 '여가', '여유'를 뜻한다)를 가질 수 있었던 지역에서 처음으로 […] 학문이 발견되었다. 처음 수학적 학문이 형성된 곳은 이집트인데, 거기서는 사제 신분에게 여가가 주어졌기 때문이다."(*Met* 981a 20쪽 이하) 트라키아의 하녀에게 조롱당한 탈레스가 관심을 가졌던 고대 천문학은 원래 바빌로니아 사제들의 일이었다. 아리스토텔레스에 따르면 여가는 학문의 자유를 위한 기본 조건이다. "[…] 타인이 아니라 그 자신을 위해 존재하는 인간을 자유로운 인간이라 부르는 것처럼, 학문 또한 그것이 오직 그 자체만을 위한 것이기 때문에 모든 것 중 홀로 자유롭다."(*Met* 982b 24쪽 이하) 그러나 이 여가는 노동과 일상생활에서의 근심으로부터 해방되는 것을 의미하며, 또한 폴리스에서의 생활에 적극적으로 참여하기를 삼가는 것도 포함된다. 노동을 여성과 노예에게 맡길 수 있었을 때, 동시대인들에게는 이 시민다운 생활politeúein이 자유민에게 걸맞은 유일한 생활양식으로 여겨졌다. 하지만 아리스토텔레스가 여기서 옹호하는 사변 이성 철학자들에게 이것은 충분한 자유가 아니었다.

그러나 이 이성의 구상이 가부장적 노예사회와 인과적으로 연관되는 것은 분명하지만, 이것만으로는 많이 부족하다. 노예와 여가는 철학이 등장한 그리스 사회 훨씬 전부터 존재했고, 오늘날에도 철학 없이 존재한다. 따라서 노예제는 단지 사변 이성의 기원을 위한 수많은 기본 조건 중 하나로 간주될 수 있다. 그리스인들이 원칙적으로 노동을 경시한 것 역시 이유로 들 수 있다. 실제로 폴리스에서는 여전히 가장 어리석은 책략가가 페이디아스 같은 가장 위대한 예술가보다 지위가 높았다. 페이디아스는 손으로 일한 반면 성숙한 시민은 시민다운 생활을 할 때 손을 더럽히지 않았기 때문이다. 따라서 아리스토텔레스에게 제작(poíesis)은 하나의 활동에 불과했고, 정치 활동보다 순위가 낮았다. 그러나 그 사례들은 언제나 최고의 건축가 또는 제작에 관한 지식(테크네téchne - 라틴어로 ars. 기술)을 활용하고 노예를 도구로 부릴 수 있는 장인bánausos과 관련되었다.[1] 실용주의는 노동을 높이 평가하고 제작 모델에 기초한 성과 지향적 행위의 이상理想을 어떤 이론보다 앞세우기 때문에 당시 사회에서 지도 철학으로 여길 수는 없었을 것이다. 이런 점에서 근세는 프로테스탄트 정신에 빚을 지고 있다.(Weber 2004 참조)

여기서 제기되는 질문은, '당시 소아시아, 시칠리아, 남부 이탈리아 등지에 건설된 그리스의 식민지 마그나그라이키아Magna Graecia는 그리스 본토와 달리 상당한 번영을 누렸는

---

1 ─ 노예를 "살아 있는 소유물", "다른 많은 도구를 대표하는 도구"로 묘사하고, 마지막으로 가축과 비교한 아리스토텔레스의 노예제도의 정당화는 *Pol* 1253b 27f쪽 이하를 참조하라.

데, 왜 그곳의 소수 특권층은 삶에서 체득한 관행의 합리성에 더 이상 만족하지 못하고 이론적 생활양식으로 전환하려 했는가'이다. 아리스토텔레스는 이렇게 말한다. "모든 인간은 천성적으로 지식을 추구한다."(Met 980a 20쪽) 여기서 "자유로운" 지식이 문제가 된다면 더욱 그러하다. 이론적 지식을 얻기 위한 노력은 '자족적 삶(autárkeia - 자치)'이라는 의미에서 자유를 얻기 위한 노력과 동일할 것이다. 이는 삶의 유용성과 감각적 즐거움을 넘어 그 자신을 위해 이론적인 삶으로 영위될 수 있다.(NE 1177b 17쪽 이하 참조) 이런 식으로 표명된 사변 이성의 이상은 분명 특정한 형태의 지적 세계 도피를 구현한다. 그 배경은 바로 변화무쌍하며 짜증스러울 정도로 다양한 설명이 난무하는 일상 세계가 자기 결정적 삶을 지탱하고 방향을 마련해 줄 무언가를 제공해줄 수 없다는 경험이다. 아리스토텔레스가 바로 그런 경우이다. 아리스토텔레스가 살던 시대의 그리스에서는 그가 찬양했던 폴리스에서의 자기 결정적 삶이 마케도니아의 필리포스와 아들 알렉산드로스에 의해 오래전에 끝났고, 정치에서는 향수가 일어날 수밖에 없었다. 따라서 순전히 이론에서 자유를 찾는 것은 당연했다. 이 모티브가 특히 헬레니즘 철학에서 영향력 있는 전통을 만들어냈지만, 그것을 사변 이성 자체의 유전적 토대로 격상시키는 것은 옳지 않다.

"뮈토스에서 로고스로"의 발전에 있어서 실제 역사적 배경은 의심할 바 없이 문화적 동요에서 찾을 수 있다. 고대 그리스 세계는 특히 마그나그라이키아에서 끊임없이 증가하던 문명적 교류를 통해 이에 노출되었다. 그 후 사변 이성은 전통적 신화와 일상 이성의 영역에서 충족될 수 없는, 안정적인 동시에 통찰력 있는 세계 해석에 관한 욕구를 대변했다. 다른 한편으로 프랑스의 역사가이자 인류학자 장-피에르 베르낭(Vernant 참조)은 그리스의 사유와 폴리스의 기원 사이의 관계를 매우 설득력 있게 보여주었는데, 그 관계는 인과관계는 아니지만 그럼에도 불구하고 "의미법칙적"(Plessner 121쪽)이다. 지배(아르케)는 점진적으로 다수의 공동체―처음에는 귀족들만의, 또한 아테나이와 다른 곳에서는 모든 자유 시민들의―로 이전되었는데, 그 과정은 고대 그리스, 미케네 왕국의 위기 및 참주정에 의해 거듭 중단되기도 했다. 이는 '생리학적' 세계상에서 세계의 기원이라는 의미에서 아르케의 비인격화에 해당된다. 이름을 붙일 만한 신들이 없는 자연종교는 그렇게 자연철학이 된다. 이에 따르면 신은 어디에나 있으며, 따라서 어디에도 없다.(탈레스와 헤라클레이토스) 그리하여 폴리스는 자족할 수 있게 되었다.

즉 폴리스의 아르케는 그 자체의, 그리고 그 존속의 주체가 되었다. 그에 따라 자연철학에서 아르케는 생성되지 않은 영원한 세계의 실체로 나타난다. 셋째로 왕국의 종말은 폴리스의 자기 입법, 즉 그들의 자율성Autonomie(그리스어 autós - 자체; nómos - 법률)을 의미했다. 이는 정치적으로 아르케 자체가 노모스이며, 노모스에 의해 생겨난다는 것을 의미한다. 그러므로 참주정은 비정치적이고 부자연스러운 상태이다. 그러나 폴리스의 자율성은 또한 이소노미아Isonomie(그리스어 ísos - 평등한), 즉 정치 공동체를 구성하는 모든 이들에 대한 법률의 평등함을 의미한다. 이로써 귀족 계층의 권력을 박탈하는 것이 원칙으로 격상되었다. 일반적인 정치적 법칙성이라는 이 모티브는 철학사에서 자연의 사물에 관한 가장 오래된 명제로 아낙시만드로스가 말한 내용과 일치한다. "그러나 존재하는 사물들이 책임에 따라 그것이 생겨난 것으로 돌아가 소멸하는 일도 일어난다. 왜냐하면 사물들은 그들의 불의에 대해 시간의 질서에 따라 서로 벌을 주고 회개하기 때문이다."(Schadewaldt 240쪽 인용) 동시에 이 세계-노모스가 자율적이며 더 이상 입법자로서 신화적인 세계 군주를 가리키지 않는 것이 분명하다.

아낙시만드로스의 예는 그러한 비교를 할 때 외적 유사성만을 상정하는 것은 근시안임을 보여준다. 사실 자연철학자들은 신화의 의인화된 자연 해석을 제거했지만, 다른 해석 모형이 필요했기에 그들이 살고 있는 생활 세계에서 그것을 취할 수밖에 없었다. 아낙시만드로스의 세계상은 매우 적절하게도 "사회형태적"(Topitsch 98쪽 참조)이라고 불렸다. 이것이 의미하는 바는 그 세계상이 폴리스라는 사회 세계로부터 나와 이미 익숙해진, 일반적이며 자기 자신만을 참조하는 법칙성의 모델을 우주로 이전하여 그것을 이해할 수 있게 만든다는 것이다. 거기서 신화적이고 인간과 유사한 층위들은 필요치 않다. 동시에 더 이상 이야기할 것이 없다. 사람들이 신화 속에서 세계를 이해하기 위해 준비해 놓았던 수많은 혼란스러운 이야기들은 여기서부터 우화와 미신의 영역으로 밀려난다. 게다가 아르케의 비인격화는 "기술형태적" 해석(Topitsch 104쪽 이하 참조)을 통해 보충된다. 즉, 아르케는 존재하는 것들을 일상적으로 기술적-실용적으로 취급하던 데서 익숙해진 것의 지평으로 옮겨진다. 말하자면 물, 공기, 불, 흙 4원소(엠페도클레스), 그리고 심지어 그 반대(아낙시만드로스)까지 말이다.

사회형태적인 동시에 기술형태적인 우주론의 가장 영향력 있는 패러다임은 아낙시만드로스와 직접 연결되는 헤라

46

클레이토스의 로고스론이다. 스토아학파는 이를 활용함으로써 플라톤과 아리스토텔레스에게 나타난 로고스 이해의 주관화를 뒤집는다. 세계 안의 객관적 이성, 그 이해 가능한 구조는 플라톤은 이데아 안에, 아리스토텔레스는 개별 사물의 본질 안에 구현된다고 봤다. 반면 로고스론을 따르는 스토아학파는 형이상학적 전통의 "로고스 중심주의"라 불리던 것을 용어적으로 고정시킨다. 스토아학파는 전형적인 로고스 중심주의 형이상학이다. 헤라클레이토스에게 로고스는 이미 객관적이고 추상적이며, 산술적이고 계산할 수 있는 구조를 의미했다. 이는 정신적으로만 파악할 수 있는 형태이며 완전히 상이한 사물들과 관련하여 상응하고 일치할 수 있다. 말하자면 비율, 공식 그리고 마지막으로 법칙이다. 그러나 이는 또한 로고스를 신으로 의인화하는 표현법을 배제하지 않는다.(*Fr.* 32, 67 또는 102쪽 참조)

이처럼 스토아학파에게도 로고스는 세계의 근본이다. 제논의 뒤를 이어 스토아학파의 영수가 된 클레안테스(기원전 331~232년)는 이 근본을 그의 유명한 찬가에서 '제우스'라고 불렀다.(Pohlenz 103쪽 이하) 스토아학파에게 그것은 모든 것에 생기를 불어넣는 프네우마^{pneûma}(숨결, 호흡, 생명력)이며 모든 것을 규정하는, 세계에서 일어나는 일의 영원한 법칙성

(nómos; lex aeterna)인 불 속에서 구체화된다. 인간의 영혼은 이 원초적 불의 불꽃이며, 그것의 법칙성에 의해 완전히 규정된다. 이는 철저하게 합리주의적인 심리학과 스토아학파가 결코 만족스럽게 해소할 수 없었던 자유의지에 관한 문제를 초래한다. 그러나 가장 영향이 컸던 것은 로고스에 대한 특별히 스토아적인 이해였다. 로고스는 두 가지 의미에서 법칙이다. 모든 일어나는 일들의 운명^fatum, 즉 인과적 필연성이라는 의미에서 기술적記述的이고, 동시에 그에 따라 모든 일이 일어나야 하는 일반 규칙이라는 의미에서 규범적이다. 기술적 로고스 이해는 플라톤과 아리스토텔레스가 알지 못했던 자연법칙^lex naturae 개념의 기초를 형성하고, 규범적 로고스 구상은 자연법^ius naturae의 관념을 확립한다. 이 자연법은 법률적 함의로 인해 본질적으로 정의로운 것^dikaion phýsei에 관한 아리스토텔레스의 이해에서 상당히 벗어난다. 따라서 노모스로서의 로고스에 관한 이 이중적 의미의 이해는 로고스 형이상학의 사회형태적 특성에 관한 논제를 인상적인 방식으로 입증한다.

이 스토아적 로고스는 기독교화되고 기독교적으로 비판받으면서 요한복음의 서두에 다시 등장한다. 그리고 그 후 계속해서 '신의 지성^intellectus divinus'이라는 신적 창조 사상의 형태로 교부철학과 스콜라철학으로 전승된다. 그것이 영원으로부터 창조된 세계의 구조와 진로를 규정하는 것이다. 이렇게 플라톤-아리스토텔레스적이며 스토아적인 전통의 형이상학적 합리주의는 중세 후기까지 지배적인 철학적 관점으로 남아 있었으며, 그 후 근세에 이르러서는 이성 개념의 주관화에 길을 내주어야만 했다. 그러나 객관적 이성의 형이상학은 헤겔의 논리학에서 다시 한 번 되살아난다. 헤겔의 논리학은 로고스의 학문으로서 스토아적인 "우주에 관한 지적 견해"(Hegel 5, 44)를 근세 철학의 조건 아래서 회복시키는 것에 다름 아니다. 그러나 무엇보다도 스토아적 법률 개념의 작용은 절대 과대평가할 수 없다. 인간이 창조한 모든 법적 관계의 기초와 기준으로서의 자연법 관념은 언제나 스토아학파의 철학적 의제였으며, 결국 시민적 계몽주의 운동에서 정치적 폭발력을 발휘한다. 우리는 그들에게 인간의 존엄성과 기본권의 관념을 빚지고 있다. 동시에 스토아적 자연법 구상은 근세 학문의 기초가 되었다. 그 구상의 도움으로 근세 학문은 스콜라철학의 아리스토텔레스주의와 분리되어 기술적技術的으로 사용 가능하게 되었다. 어떤 법칙들에 따라 자연이 움직이는지를 알고 자연이 우리를 위해 일하도록 한다면 실제로 우리는 자연을 지배할 수 있다.

사변 이성 비판

: 비판 이성의 생성에 관하여

인식에 있어서 일상 이성의 한계를 뒤로하고 순수한 사유를 통해 세계의 진정한 본질을 파악하는 능력인 사변 이성은 그리스에서 근대에 이르기까지 서구에서는 이성 일반의 최고 형상이었다. 따라서 이렇게 이해된 이론theoria은 인간의 가장 고귀한 활동 영역으로 간주되었다.

이 구상이 결코 논란의 여지가 없었던 것은 아니다. 그리고 트라키아 하녀의 조롱과 최초의 철학자들과 동시대를 살았던 사람들이 어깨를 으쓱대며 보인 무관심을 사변 이성에 대한 비판이라고 이해한다면, 비판은 사변 이성 자체만큼이나 오래된 것이다. 그러나 단순한 거절이나 혐오의 몸짓 이상의 것, 즉 비판받는 이가 심각하게 받아들여야 한다고 느끼는 반대나 반대되는 제안이 포함되는 경우에만 비판에 관해 언급해야 한다. 이것이 바로 '외부적 비판'이다.

반대로 비판이 외부에서 제기되는 것이 아니라 자기 구상 내부의 어려움으로부터 비롯되는 것이라면 더욱 어렵다. 이

때 문제가 되는 것은 내재적 비판이다. 이 같은 어려움들이 그리스어로 '막다른 골목'을 의미하는 아포리아^{aporía}로 판명되면 사변 이성의 구상 전체가 위기에 처하게 된다. 소위 합리성의 최고 형태는 합리성 자체가 생성하는, 특히 사변 자체의 수단과 목적, 경로와 목표, 실행과 의미 또는 요구와 결과 사이의 모순에 의해 생성되는 비합리성으로 인해 위협받는다. 이러한 아포리아들이 사변 이성에 대한 내재적 비판을, 그리고 결과적으로 비판 이성의 개념을 궤도에 올려놓았다는 것이 이번 장의 주요 논제이다.

하지만 그 전에 철학에 대한 최초의 반대 운동을 이론적 견지에서 다루어야 한다. 실용적 이성의 기치 아래 등장해 철학적 사변의 작업 전체를 무의미하고 무익한 것으로 매도하려 했던 소피스트들의 외부적 비판에 관해서 말이다. 사변 이성을 다시 안정시킬 필요가 있었으며 소크라테스(기원전 469~399년)에 이어 플라톤이 이에 착수했다. 여기서 궤변적, 실용적 이성에 대한 내재적 비판이 중요한 역할을 했다. 이러한 방식으로 되찾은 것에 반론의 여지가 없던 것은 결코 아니었다. 하지만 그것은 수 세기 동안 우리 철학 전통의 주류를 규정했다.

사변에 대한
소피스트의 공격

기원전 423년, 아리스토파네스(기원전 445~385년경)는 아테나
이에서 그의 희극 「구름Die Wolken」을 상연했는데, 이 희극에
서 소크라테스는 풍자적 공격의 대상이 되어 조롱당해야 했
다. 「구름」에는 아들이 연설가 교육을 받기를 바라는 한 늙
은 농부가 등장한다. 그는 "현명한 정신을 위한 사색원"이
라 불리는 작은 집으로 아들을 데리고 간다. "거기엔 하늘
은 솥뚜껑이고, 우리는 그 아래 있는 숯이라는 것을 보여주
는 사람들이 살고 있단다. 사람들이 돈을 지불하면 그들은
연설을 통해 옳고 그름을 변호해 이기는 법을 가르쳐 주지."
(Bormann 20쪽) 아버지에게 중요한 것은 아들이 법정에서 변
론술로 더 나쁜 것을 더 좋은 것으로 만들어 자신을 빚더미

에서 해방시켜 주는 것이다. 부자는 집 안에 들어서며 소크라테스의 사색을 방해할 수도 있었다는 이유로 욕을 먹는다. 그리고 천장에 매달려 있는 광주리에서 마침내 소크라테스를 발견한다. 태양을 연구하고 있는 그는 높은 곳에 앉아 있어야만 했던 것이다. 그리고 이야기는 자연철학자들의 연구에 대한 상세한 희화화로 이어진다. 종국에 가서는 천둥에 관해 논의할 때 배설물과 구체적으로 비교하는 것도 마다하지 않는다. 신의 존재를 부정하고 청년들을 타락시킨다는 고발인들의 비난으로 시작된 소크라테스의 재판에서 플라톤이 보고한 소크라테스는 "한 명의 소크라테스, 한 명의 현자가 있어 천상의 사물에 관해 천착하고 지저地底의 모든 것을 연구하며 부당한 것을 온당한 것으로 만든다"(Apol 18b)라는 소문에 맞설 필요가 있다고 느낀다. 이러한 소문은 익명으로 전파되었는데, '한 명의 희극 시인'만은 분명히 예외다. 그 희극 시인은 아리스토파네스였다. 동시대인들에게 소크라테스는 소피스트(sophistés)로 인식되었다. 이 표현은 처음에는 '현자'가 아닌 다른 의미를 갖지 않았다. 당시 소피스트는 어떤 특별한 지식이나 능력(sophía)을 활용하며, 이것을 가르칠 수 있는 사람으로 간주되었다. 이때만 해도 소피아에서 중요한 것이 자연철학인지 수사학인지 분별하지 않았다.

소크라테스는 소피스트로 여겨지는 것이 아테나이에서 위험하다는 사실을 알고 있었다. "아테나이인 여러분, 이러한 소문을 퍼뜨린 자들이 나를 끔찍하게 비난한 사람들입니다. 그 같은 것들을 탐구하는 사람은 신을 믿지 않을 것이라고, 듣는 이가 손쉽게 생각할 것이기 때문입니다."(Apol 18c)

실제로 기원전 437년에 아낙사고라스는 신의 존재를 부정했다는 이유로 고발당했다. 태양을 빛나는 돌덩어리라고 여겼기 때문이다. 그 고발은 기원전 437, 438년의 법에 근거하는데, 그 법은 다음과 같다. "신적인 것을 부정하거나 하늘의 현상에 관한 이론을 수업에서 전파하는 이들은 국가 질서를 위반한 것이기에 법정에 서게 될 것이다."(Mansfeld II, 156쪽) 결국 아낙사고라스는 벌금형에 처해졌고, 아테나이에서 추방되었다. 당시 그리스 본토 밖에서 큰 정치적 장애물 없이 한 세기 이상 발전할 수 있었던 자연철학이 아테나이에서는 신화적·종교적 전통, 그리고 국가 권력의 정당성 기반에 대한 공격으로 취급됐다. 물론 법정에서 부당한 것을 온당한 것으로 보이게 만드는 수사학적 기술에도 동일한 기준이 적용되었으며, 무엇보다도 젊은이들의 건전한 정의감을 훼손했다는 비난과 직접 연결될 수도 있었다.

이 같은 우려는 그 후 프로타고라스(기원전 485~415년경)의 재판에서도 확인되었다. 그는 플라톤이 확정한 것과 같은, 우리에게 친숙한 의미에서의 최초 소피스트였다. 그 또한 신의 존재를 부정했다는 죄목으로 기원전 411년에 고발당했으며, 그의 저작들은 공개적으로 불태워졌다. 그는 사형선고를 피하기 위해 도주했고, 그 와중에 바다에서 목숨을 잃은 것으로 전해진다. 무엇보다도 그리스 세계 전역을 휩쓸었던 펠로폰네소스전쟁(기원전 431~411년)의 혼란 속에서 아테나이는 엄격한 전통주의의 성채였으며, 이것이 기원전 399년 소크라테스의 재판 역시 결정지었다.

물론 이는 100년 전 아테나이가 밀레투스, 에페수스, 시라쿠사 같은 다른 대도시들보다 훨씬 작고 중요하지 않은 곳이었다는 사실에 대한 반작용으로 이해되어야 한다. 페르시아전쟁과 아티카 해상동맹의 흥기로 결국 아테나이는 전체 그리스 세계의 문화 중심지로 부상했다. 그 후 건축, 조각, 무대예술 분야에서 전성기를 맞이한 페리클레스(기원전 495~429년경) 시대는 온갖 부류의 소피스트들까지 아테나이로 끌어들였는데, 이는 기존의 많은 아테나이 시민들에게는 문화적 침략으로 보일 수밖에 없었다. 오늘날까지 소피스트 철학의 이미지는 플라톤 논쟁에 의해 결정적으로 규정된다. 말하자면 '소피스트적'이라는 것은 대개 궤변과 사악한 사상 왜곡의 표식으로 간주된다. 사실 소피스트 철학은 동시대인들이 그들 자신의 문제를 성공적으로 처리할 수 있는 능력을 갖게 한다는 목표를 가진 그리스의 교육 및 계몽 운동이었다. 자연에 관한 문제를 내려놓고 인간 세계로 향하는 것이 그들의 목표였다. 소피스트들은 자신들을 소피아, 즉 지식과 능력을 제공하는 교사라고 여겼다. 그렇게 함으로써 그들은 교육에 대한 광범위한 요구를 충족시킬 수 있었다. 그것은 다른 한편으로 고대 그리스 전통이 약화되고 불안정해진 결과였다. 이는 특히 페르시아전쟁 이후, 비非그리스적 고도 문화와의 광범위한 교류를 통해 발생했다. 그러나 결정적으로 아테나이 민주주의가 공고화되면서 연설의 필요성이 대두되었기 때문이었다. 아테나이에서는 민회와 법정에서 자신의 안건에 관해 과반수를 얻어야만 성공할 수 있었기 때문이다. 따라서 여기에 수사학이 필요했다. 그리고 이것은 이 기술을 사용함으로써 약한 것을 강하게 만들 수 있다는 희망과 결합되었다.

이 같은 요구를 감안할 때 자연철학에 대한 관심이 뒷전으로 밀려난 것은 놀라운 일이 아니었다. 가장 유명한 두 명의 소피스트는 심지어 이에 대한 이론적 근거를 제시했다.

플라톤이 특히 자세하게 다루었던 프로타고라스와 고르기 아스(기원전 485~380년경)가 바로 그들이다.

불태워진 프로타고라스의 주요 저작 중에는 제목과 첫 문장만 전해지는 것이 있는데, "진리 또는 부복^{ᴵᴵᴿ}하는 [연설]: 인간은 만물의 척도다. 있는 것은 그것이 있다는, 있지 않은 것은 그것이 있지 않다는 척도다. 말하자면 있다는 것은 모두에게 똑같이 나타나 보이는 것이다."(Fr. 1쪽) 이 문장을 통해 파르메니데스의 참된 존재에 관한 질문에 작별을 고하게 된다. 무언가가 존재하는지 아니면 존재하지 않는지, 또한 어떻게 존재하는지 아니면 어떻게 존재하지 않는지 결정하는 것이 문제가 될 때, 모든 인간이 그 척도가 되기 때문이다. 따라서 존재는 언제나 누군가를 위한 존재일 뿐이며, 항상 누군가에게 나타나 보이는 그 무엇일 뿐이다. 이는 또한 언제나 그리스인들이 참된 존재라고만 생각할 수 있었던 진리에 관한 모든 것을 말해준다. 그리고 이렇게 해서 프로타고라스는 말과 논증의 대결에서 결국 성공적인, '부복하는' 연설에 관심을 기울일 수 있었다. 이와 함께 프로타고라스는 우리가 사용하는 '상대주의'라는 용어의 창시자가 되었다. 그리고 이러한 입장은 자연이나 참된 존재에 관한 보편적으로 타당한 명제를 확립하는 데 사용될 수 없다는 것이 명백하며, 따라서 이를 내버려둘 수 있는 것이다. 그러나 자연에 대한 호소는 더 이상 인간 세계에서 일어나고 적용되는 그 무엇에 관해 설명하거나 정당함을 증명하지 않는다. 따라서 소피스트들은 사람들 대부분이 자연적으로(phýsei) 그런 것이라고 믿었던 것이 실은 인간이 규정(thései)했거나 입법(nómo)을 통해 생성한 것이라는 점을 입증하기 위해 거듭 시도했다. 언어, 종교, 노예제 그리고 무엇보다도 국가의 권위 같은 것 말이다. 오늘날에도 우리는 익숙하고 친숙한 것을 '매우 자연스럽다'고 여기는 경향이 있지만, 그것이 사실은 '문화적'이며 대안이 없는 것도 아니라는 점을 깨달아야 한다.

고르기아스는 사변 이성에 관해 훨씬 더 급진적인 비판을 제시했다. 당대 가장 유명했던 연설가이자 수사학 교사는 그의 책 『비존재에 관하여Über das Nicht-Sein』에서 다음과 같은 결론에 도달한다. "1. 아무것도 (존재하고) 있지 않다. 2. 어떤 것이 (존재하고) 있다 해도 인간은 그것을 인식할 수 없다. 3. 인식할 수 있다 해도 인간은 그것을 누구에게도 알릴 수 없다."(상세한 해설은 Capelle 345쪽 이하 참조)

프로타고라스가 파르메니데스의 참된 존재의 철학 기획을 실현 불가능한 것으로 묘사하고 무시하기 위해 암묵적으로만 파르메니데스를 활용했다면, 고르기아스는 자신의 수단으로 그것의 불합리함을 논증하려 했다. 고르기아스는 헤라클레이토스와 파르메니데스 사이를 매개하려 노력했던 엠페도클레스(기원전 482~430년경)의 제자였으며, 엘레아학파, 즉 이탈리아 남부 엘레아에서 파르메니데스가 그의 주변에 두었던 학생 집단과 직접적인 학연이 있었다. 고르기아스는 자신의 저서에서 특히 엘레아의 제논(기원전 5세기)이 스승인 파르메니데스의 존재자의 존재와 비존재자의 비존재에 관한 이론을 옹호하기 위해 구사했던 논증을 매우 꼼꼼하게 모방한다. 그는 '공간이 있다', '많은 것이 존재한다' 또는 '운동이 일어난다' 같은 가정들이 모순으로 이어지기 때문에 참이 될 수 없음을 보여주고자 했다. 역설을 증명하는 것과 동일한 방식으로 이제 고르기아스는 엘레아학파의 기본 신념 자체에 반대하며 단순한 상대주의 그 이상으로 나아간다. 고르기아스는 인식론적 허무주의라고 부를 수 있는 입장을 최초로 드러낸 사람이며, 동시에 회의주의 전통의 창시자다. 이는 확실한 통찰을 얻기 위해 의심을 '회의적 방법'(칸트)으로 투입하는 태도를 의미할 뿐 아니라, 여기서는 바로 그 길이 목표다. 회의주의는 "이그노라무스ignoramus, 이그노라비무스ignorabimus(우리는 모른다, 우리는 앞으로도 모를 것이다)"

에 맺음말과 이론 자체를 맡기고서 실질적인 문제로 넘어가는 것이다. 이로써 고르기아스에게 진리에 대한 양심의 가책 없이 수사학에 매진할 길이 열렸다. 여기서 중요한 것은 연설의 수행적, 미학적 효과뿐이다.

또한 사변 이성에 대한 소피스트들의 공격은 위대한 자연철학자들을 이끌어온 객관적 이성 개념을 탈신화화하려는 시도라고 설명할 수도 있다. 플라톤과 아리스토텔레스조차 '로고스'와 '누스'라는 위대한 단어들을 '인간의 능력'이라는 의미로만 사용함으로써 이성적인 것의 주관화 경향을 고려했다. 동시에 소피스트들은 사변 이성을 실용적 이성으로 대체했다. 그들은 인간이 이성적일 수 있다는 점을 논박하지는 않았다. 하지만 이는 구체적 상황에서 행동의 합리성을 의미할 뿐 더 이상 인식을 통해 영원하고 신적인 것에 동화하는 능력을 의미하지 않는다. 그리하여 여기서 19세기 이후 철학에서 "실용주의"라 불리는 것이 이미 생겨났다. 실용주의의 입장에 따르면, 이론적 논의의 의미와 진리는 궁극적으로 실천적 맥락 속에서 증명되고 입증되어야 했다. 그래서 프리드리히 니체(1844~1900년) 외에도 특히 미국의 실용주의자들이 소피스트들을 플라톤이 논쟁적으로 퍼뜨린 일그러진 이미지에 맞서 변호하며 플라톤의 반박 시도가 실제로는 설

득력이 없었다는 것을 보여주려 했다.(Schiller 참조)

소크라테스는 소피스트였을까? 그를 소피스트 철학과 연결시킨 것은 그의 자연철학에 대한 냉담함 때문이었다. 『변명Apologie』에서 소크라테스는 그가 아낙사고라스의 가르침을 퍼뜨렸다는 비난을 터무니없다고 일축한다. 그의 책은 시내에서 여전히 얼마 안 되는 돈으로 살 수 있었으며, 그 책에는 그 밖에도 매우 해괴한 것들이 담겨 있었기 때문이다.(Apol 26d 이하) 『파이돈Phaidon』에서 플라톤은 소크라테스로 하여금 그가 젊은 시절 아낙사고라스에게 얼마나 실망했었는지 말하게 한다. 아낙사고라스가 이성이 만물의 근원이라는 것을 보여주겠다고 약속하고서는 자연의 법칙에 관해서만 이야기했기 때문이다.(Phaid 97b 이하) 여기서 분명해진 것은 소크라테스가 소피스트들과 마찬가지로 이성적인 것을 실천적 견지에서 찾고 있었다는 점이다. 물론 소크라테스를 소피스트들과 구분 짓는 것은 소피스트들과는 반대되는 그의 행동이다. 그는 가르치지 않고 질문했다. 플라톤은 소크라테스보다 더 현명한 사람은 없다라는 델포이 신탁을 소크라테스로 하여금 입증하게 한다. 이 주장을 입증하기 위해 소크라테스는 지혜롭다고 소문 난 사람을 찾아가 그의 지식의 의미와 근거에 관해 질문하면서 자신보다 현명한 사람을 찾는다.(*Apol* 20d 이하) 그리고 플라톤의 초기 대화는 소크라테스의 이 시도가 어떻게 해서 계속 실패하는지, 또 소크라테스가 매번 그 자신이 탁월한 지혜를 가진 인물임을 어떻게 증명하는지 매우 상세하게 설명한다.(같은 책, 22a 이하)

"나는 내가 아무것도 모른다는 것을 안다"라는 유명한 말은 실제로 소크라테스 자신이 말한 것이지만, 그것이 소크라테스가 정말 아무것도 모른다는 것을 의미하지는 않는다. 그가 질문했던 정치인, 시인, 수공업자 들이 일에 착수할 때 가진 흔들리지 않고 의심할 바 없는 지식을 소크라테스는 활용하지 않을 뿐이다.(*Apol* 22c) 하지만 그는 경건하고 선하며 아름다운 것들이 경건한 것, 선한 것, 아름다운 것 자체를 통해서 경건하고 선하고 아름답다는 점을 매우 잘 알고 있기에 동요하지 않고 그에 관해 질문한다. 왜냐하면 소크라테스는 에우티프론처럼 무언가 경건한 일을 한다고 믿는 사람, 즉 자신의 부친을 법정에 세우는 사람은 경건한 것이 무엇인지 말할 수 있어야 한다고 생각하기 때문이다. 게다가 소크라테스는 부정한 일을 행하는 것이 부정한 일을 당하는 것보다 나쁘다는 것을 알고 있다. 왜냐하면 그것이 영혼을 손상시키기 때문이다.(*Krit* 49a 이하) 이를 확신하며 소크라테스는 자신에게 내려진 부당하기 짝이 없는 판결을 받아들인다. 그 판결이 합법적으로 이루어졌기 때문이다. 그래서 소크라테스는 프로타고라스처럼 감옥에서 탈주하지 않고 죽음을 맞이한다.

소크라테스의 이러한 행동은 플라톤이 철학으로 가는 길에 있어서 핵심적 체험이었던 듯 보인다. 플라톤은 소크라테스식 대화 방식, 즉 어떤 문제를 해명하기 위한 대화를 자기 철학의 방법적 토대로 삼았으며, 대화를 진행하는 기술을 "변증법Dialektik"(그리스어 dialégesthai - 대화하다)이라고 명명했다. 그에게 이 기술은 소피스트식 수사학의 반대 개념이었다.

플라톤은 소크라테스가 죽음을 마주하여 다음과 같이 말하게 한다.

"지금에 와서가 아니라 언제나 그랬지만 나는 추론해 보고 나에게 가장 좋은 것이라고 드러난 원리(로고스) 외에는 내 속의 다른 어떤 것도 따르지 않기 때문일세."(Krit 46b)

이처럼 소크라테스는 소피스트들처럼 가장 효과적인 로고스를 중요시하지 않는다. 그에게 중요한 것은 모든 타당한 이유를 말해줄 수 있는 로고스로, 소크라테스는 그의 삶에서 그것을 따르고자 했다. 플라톤은 소크라테스식 대화가 유명한 호른베르크 총격[어떤 일이 요란하게 시작해서 허사로 끝날 때 사용되는 표현-옮긴이]처럼 끝나는 한 소피스트철학에 대한 비판의 기회는 없으며, 결국 사람들은 그들이 의도했던 것을 달성하지 못했다는 데 동의하게 될 뿐이라는 점을 인식했다.

소피스트로부터의 가장 큰 두 가지 도전은, 진리가 아니라 의견만 있을 뿐이라는 주장(프로타고라스)과 우리가 정의라고 부르는 것은 언제나 더 강한 자의 이익일 뿐이라는 주장(트라시마코스)이었다. 오늘날까지도 많은 지식인은 일시적이든 지속적이든 다음과 같은 점들을 확신한다. '이런저런 의견들이 있으며 나도 나의 의견을 가지고 있다. 하지만 어떤 것이 참이라고 한다면 이 역시 하나의 의견일 뿐이다.' 정의는 공허한 단어다. 왜냐하면 모든 것은 권력의 문제로, 권력을 가진 자가 무엇이 정의라고 간주할지를 결정할 수 있기 때문이다.

플라톤은 특히 이 두 가지 허무주의적 논제를 철학적 재앙이라고 여겼다. 이 논제의 대표자들은 자신들이 특별히 깨우친 사람이라고 여겼다. 이 논제들이 참이라면 최고의 로고스를 찾는 소크라테스의 탐색은 무의미하다고 판명 날 것이며, 이성이 결정하는 삶을 위한 기회도 없을 것이다. 플라톤은 소크라테스의 방식에 따라 이 학설들을 내재적으로 반박하려는 시도가 제한적으로 성공할 수 있을 뿐이라는 점도 인식하고 있었다. 프로타고라스는 진리가 존재하지 않는다는 자신의 주장 자체가 진리라고 주장하는 것이며 트라시마코스는 더 강한 자가 자신의 이득이라고 간주하는 것이 실제로도 그에게 이득이라는 것을 입증하지 못할 것이다. 하지만 이 점을 증명한다고 하더라도 아직 건설적 반反구상을 전개하는 것은 아니다.

플라톤은 우리가 매우 단순화하여 '이데아론'이라고 부르는 것에서 이 반구상을 구성했다. 이데아론은 소크라테스가 경건한 것, 선한 것 또는 아름다운 것 자체와 함께 항상 염두에 두었던 바로 그것을 변증법을 통해 실증적으로 결정하는 프로그램으로 이루어졌다. 그것이 관념, 즉 이데아(idéa - 모습, 형상)다. 그것은 모든 경건하고 선하고 아름다운 것들의 원형, 모범 그리고 척도다. 후에 플라톤은 여기에 자연물과 인공물의 원상原狀도 추가했는데, 이는 사변 이성의 회복을 목표로 한 것이다. 왜냐하면 이 관념들은 일상적 경험 세계에서 찾을 수 없기 때문이다. 따라서 플라톤의 아카데미아에서 기하학은 정신의 눈으로만 파악할 수 있는 이상적 대상을 다루는 방법적 연습으로서 변증법의 입문 교육이었다. 철학하는 이들은 변증법에서 그들의 사고를 결정하는 데만 몰두한다. 순수이성의 매개를 통하여 종국에는 관념 자체를 파악하기 위해서다. 이 사변적 요소는 상기론^{anámnesis}을 통해 강조되기도 했는데, 그에 따르면 영혼은 선재 상태, 즉 육체와 결합되기 전에는 이데아의 영역에 머물렀고 거기서 보았던 것들은 출생을 하면서 망각한다. 따라서 플라톤에 따르면, 모든 참된 인식은 다시 기억하는 것이지만, 이는 특정한 동기를 통해서만 불러일으켜지고, 철학에서 체계적으로 실행된다.

이처럼 플라톤의 이데아론은 소피스트의 인식론적 허무주의에 대항하여 소크라테스적 철학에 이론적 기반을 마련하고 그 끝없는 아포리아에서 벗어나려는 시도였다. 그러나 이렇게 되찾은 철학적 사변의 구상은 더 이상 소크라테스 이전 시기의 자연철학과 연결될 수 없었다. 소피스트 철학과 소크라테스식 질문의 지적 경험은 단순히 무효화할 수 없는 것이었다. 무엇보다도 그것은 실천 문제에서 사물의 본성(퓌시스)에 관한 질문이 가지는 비교 타당성을 의미했다. 플라톤의 소크라테스는 매우 분명하고 아이러니하게 말한다. "들판과 나무들은 나를 가르치려 하지 않지만 도시 사람들은 가르치려 한다네."(*Phaidr* 230d) 그러나 이러한 것들이 단순한 의견과 권력 관계에 의해서만 결정되는 것이 아니라면 의견과 권력을 초월하고 그 통제에서 벗어난 무언가가 있어야 한다. 물론 이것을 인식할 수도 있어야 한다. 그렇게 해야만 다시 단순히 의견과 권력의 문제가 되지 않으면서 의견과 권력의 문제에 관한 결정을 내릴 수 있기 때문이다. 플라톤은 의견과 권력을 넘어서는 인식이 가능하다고 확신했다. 바로 이것이 플라톤을 관념 철학으로 인도했다. 그 관념은 인간의 수중에서 벗어나 있지만 인간의 인식으로 접근할 수 있는 보다 높은 질서의 자연, '최고 본성' 또는 '초자연'으로 이해할 수 있다. 플라톤은 그것이 우리 확신의 진실함과 우리 생활 태도의 올바름을 보장해준다고 이해했다.

사변 이성의
아포리아

플라톤은 그의 이데아론을 통해 후대에 '형이상학'이라 이름 붙여진 것의 기초를 확립했다. 이 표현은 기원전 1세기에 로도스의 안드로니코스가 아리스토텔레스의 저작을 수집해 편집할 때 만들어졌다. 당시 스토아학파의 분류 체계는 '논리학'-'자연학'-'윤리학'으로 나뉘어 있었는데, 안드로니코스는 이를 기초로 삼았다. 이때 그는 아리스토텔레스의 저작 중 여기에 넣을 수 없는 것이 있다는 사실을 알게 되었다. 아리스토텔레스 스스로는 그것을 "제1철학", 즉 최초의 실체, 존재 그 자체에 관한 학문이자 모든 존재자의 원리와 규정에 관한 학문으로 분류하고, 그 학문을 자연학 뒤에^{metà} ^{tà physiká}, 즉 물리적인 것에 관한 저술 뒤에 배치했다. 이렇게 해서 '형이상학Metaphysik'이라는 용어가 탄생했다. 이 용어는 자연의 한계를 넘어서는 사물과 문제에 관한 것이라는 후대의 내용적 의미를 빠르게 얻게 되었다.

칸트는 한 강의에서 다음과 같이 설명했다. "형이상학이라는 이름과 관련해서는 그것이 대충 생겨났다고는 믿을 수 없다. […] '퓌시스'는 자연을 뜻하기 때문이다. 그러나 우리는 경험을 통하지 않고서는 달리 자연의 개념에 도달할 수 없다. 그리하여 자연을 좇는 그 학문(메타metá, 트란스trans 그리고 physica의)을 형이상학Metaphysik이라고 부른다. 이는 말하자면 자연학 영역 밖, 그 너머에 있는 학문이다."(Eisler 363쪽) 그러므로 형이상학자는 자연과학인 물리학이 제1과학이 될 수 없다고 확신한다. 자연적 사물의 근거와 원인 같은 일반적 규정은 자연 자체에서가 아니라 순수한 사유의 영역에서만 발견되기 때문이다. 칸트는 또한 감각적 경험의 영역을 넘어서며 "단순한 개념으로부터의 순수한 이성적 인식"(MAN A 7쪽)을 믿는 사변 이성을 여전히 형이상학에 할당했다. 그리고 칸트에 따르면 그것은 플라톤으로부터 시작되었다.(KrV B 9쪽 참조)

플라톤은 단순한 사고 규정을 매개로 하는 학문 기획을 정립했다. 이 기획은 수 세기에 걸쳐 결코 논란의 여지가 없었던 적이 없었다. 수많은 비판자들이 있었지만, 그것에 대해 생각하는 사람들이 그 기획을 완전히 포기하게 할 수는 없었다. 형이상학의 종말은 때때로 칸트의 저작과 연관되지만, 이는 오해다. 칸트 스스로 "형이상학과 사랑에 빠지는 것"이 "그의 숙명"이라고 말한 바 있다.(TG A 115) 그런 까닭에 칸트는 그것을 폐기하려 하지 않고 오히려 "순수"이성, 즉 사변 이성을 비판함으로써 형이상학에 궁극적으로 확실한 토대를 마련해주려 했다. 이처럼 외부의 비판은 오랜 역사 속에서 형이상학에 그리 많은 해를 끼칠 수 없었고, 형이상학의 운명은 오히려 내부의 문제들에 의해 결정되었다. 이 문제들은 내재적 비판이라는 방법을 통해 결국 사변 이성 자체의 아포리아임이 입증되었다.

이제 이 같은 네 가지 '막다른 골목', 즉 사변 이성의 실천적, '기술적技術的', 종교적, 인지적 아포리아에 대해 살펴볼 것이다. 순서는 이들이 역사적으로 등장한 순서에 따른다. 인지적 아포리아가 마지막으로 논의되는데, 이는 수 세기 동안 형이상학적 입장과 급진적으로 회의주의적인 입장이 나란히 존재했다는 사실, 그리고 칸트에 이르러서야 철학적 사변이라는 기획이 원칙적으로 출구가 없다는 점이 인식되었다는 사실에 따른 것이다. 여기서 사변 이성과 비판 이성 사이의 문턱을 실제로 넘어서게 되었다.

사변 이성의 실천적 아포리아에 관하여

—

플라톤의 사변 이성 회복에서 중요했던 것은 사변을 위한 사변이 아니라 올바른 삶에 관한 질문이다. 이 질문에는 단순히 실용주의적이며 궁극적으로는 상대주의적이고 회의주의적인 교시敎示를 지녔던 소피스트들뿐 아니라 아포리아적이었던 소크라테스도 답변하지 못했다. 플라톤에게 올바른 삶은 선한 것과 정의로운 것으로의 지향을 의미했다. 이것이 단순한 의견으로, 그와 함께 각각의 권력 관계의 문제에 머무르지 않으려면 당연히 사변 이성이 필요하다. 고대의 거의 모든 시기에 그랬듯이 플라톤에게도 올바른 삶에 관한 질문은 실천적이며 정치적인 맥락에서만 답할 수 있다는 것이 자명했다. 따라서 그의 이론적 철학이 국가론의 맥락에 속하며, 거기서도 고전적 형태로 제시되는 것은 놀라운 일이 아니다. 소피스트와 소크라테스의 공개된 문제들을 해결하기 위해서는 사변 이성이 필요하다는 확신은 플라톤을 필연적으로 철인哲人왕 개념으로 이끌었고, 따라서 순수한 이론을 무제한적 권력과 함께 강제하는 정치 모델로 인도했다. "철학자들이 여러 나라에서 왕이 되든가 또는 현재 왕이나 통치자라 불리는 이들이 진실로 그리고 근본적으로 철학을 하든가 해서 이 두 가지, 즉 국가권력과 철학이 한데 합쳐지지 않는다면, […] 친애하는 글라우콘, 국가는 물론 인류도 악으로부터 회복되기는 어려울 걸세."(Resp 473c 이하)

플라톤은 『국가론』에서 유명한 세 가지 비유를 들며 그 같은 철학적 정치가 가능하기 위한 조건을 제시한다.(Resp 508a 이하 참조) 태양의 비유는 최고의 지향점인 선의 이데아를 드러내고, 선분의 비유는 이 이데아와 그 인식 가능성을 조명하는 가운데 세계의 구조에 관해 진술한다. 동굴의 비유는 철인왕의 '경력', 즉 일상성의 동굴에서 나와 이데아를 인식하기까지의 교육 과정을 기술한다. 여기서 중요한 것은 그렇게 교육받은 사람들은 후에 아리스토텔레스가 선호했던 것 같은 관조적 삶^{bíos theoretikós}에 머물러서는 안 되며, 다시 동굴로 내려가야만 한다는 점이다. 선의 이데아에 대한 조망眺望을 폴리스 내의 인간관계를 확립하는 모범으로 삼기 위해서다. 그러므로 철인왕은 후에 정치인이 되기 위해 먼저 이론가가 되어야 한다. 플라톤에 따르면 그는 정치인이 되는 것을 달가워하지 않으며 심지어 정치인이 되도록 강요

받게 된다. 그에게는 이론 속의 삶이 훨씬 더 매혹적이고 만족스럽기 때문이다.

플라톤은 철학자에 의한 통치라는 자신의 생각이 동시대인들에게 얼마나 큰 도발인지 알고 있었다. (*Resp* 473c 이하를 참조) 그것은 무엇보다도 아테나이의 민주주의 전통에 의해 형성된 당시의 정치적 일상 이성에 대한 근본적 반대를 의미했기 때문이다. 그의 구상은 그리스인들이 증오하는 참주정의 재림으로 보일 수밖에 없었고, 거기서 이 구상을 도입하게 된 철학적 맥락 역시 많은 것을 바꾸지는 못했다.

플라톤은 당시의 민주주의에 반대할 타당한 이유가 있었다. 여기서는 기본권에 의한 보호 없이 동료 시민과 관련된 모든 것을 다수가 함께 결정할 수 있고, 이는 데마고그 demagogen, 즉 선동가들에게 모든 기회를 열어주었기 때문이다. 존경하는 스승 소크라테스에 대한 재판이 이에 관한 소름끼치는 사례였다. 사람들은 후에 그 재판에 관해 공개적으로 유감을 표했다. 플라톤과 그 후의 많은 사람들은 다수결이 정치적 결정의 진실함과 올바름을 보장할 수 있다는 것을 믿을 수 없었다.

그럼에도 불구하고 그의 통치 개념을 지지하는 사람은 소수에 불과했다. 칸트는 다음과 같이 논평했다. "왕이 철학을 하고 철학자가 왕이 되는 것은 기대할 수 없으며 바람직하지도 않다. 권력 소유는 불가피하게 자유로운 판단을 저해하기 때문이다."(*ZeF* B 70f) 그리고 카를 R. 포퍼(1902~1994년)는 더 나아가 플라톤의 '마술'이 20세기 전체주의에 직접적으로 책임이 있다는 비판을 가했다.(Popper 43쪽 이하 참조)

그러나 플라톤의 이론과 실천의 결합은 언제나 매혹적이었다. 이는 선하고 올바르다고 인식된 것을 사회적 현실에서 구현하는 임무를 정치에 할당했다. 그러나 로베스피에르, 레닌 같은 혁명가들만이 이러한 의미로 정치적 행위를 이해한 것은 아니다. 그것을 알고 있는 사람들이 그것에 관한 결정도 내려야 한다는 것은 건전한 상식에 비추어도 납득할 만하다. 복잡하게 얽혀 있는 세상에서 전문가에 의한 지배는 공동 책임이라는 어려운 문제로부터 우리를 해방시켜주는 이성적 해결책처럼 보인다. 물론 여기서 이를 위해 지불해야 하는 대가에 대해서는 대체로 간과되곤 한다.

이 정치 모델은 '기술적'이다. 그것은 예전에 인식된 것 또는 구상된 것이 어떻게 실현될 수 있는지에 관한 지식에 의존한다. 바로 이것이 플라톤이 철학자의 정치 활동을 기술하는 방식이다. 즉 사변에서 포착된 선한 것을 인간사의 영역에서 모사하는 것이다. 이는 물론 그때 철학자가 자기 일이 중요한 사람들의 저항을 고려해주지 않아야만 성공할 수 있다.

정치 '기술자'는 관련자들을 그의 생산을 위한 단순한 도구로 이용할 수밖에 없다. 즉 그의 행동은 필연적으로 이론 독재를 의미한다. 플라톤의 사변 이성의 구상을 실천적이고 정치적인 의도로 보여주는 '기술적' 정치 모델에 관해서는 큰 수고를 들이지 않고 정치적으로 논박할 수 있다. 그 모델은 가장 효과적일 수 있다. 하지만 공공 결정과 관계되는 사람들 역시 자유로운 관계 속에서 결정에 참여해야 한다는 생각과 원칙적으로 양립할 수 없다. 따라서 전문가의 통치 지식 없이 한순간도 꾸려가지 못하는 민주주의 사회는 항상 효율성과 자유를 놓고 저울질해야 한다. 그럼에도 불구하고 어떤 원칙을 우선시하는가 하는 것은 정치적 입장의 문제다. 그리고 사람들은 이상적이거나 유토피아적인 목표를 위해 자유를 희생하는 데 대해 기꺼이 동의한다. 여기서 우리가 정치적 논쟁에 맡기지 않고서 정치적 플라톤주의에 근본적인 이의를 제기할 수 있는 것은 아리스토텔레스 덕분이다. 그렇게 해서만 플라톤의 구상이 아포리아적이라는 것을 보여줄 수 있다.

아리스토텔레스는 선의 이데아를 실천의 최고 지향점으로 제시하는 이데아론에 관한 비판으로 플라톤에 대한 반박을 시작한다. 우선 그는 "존재하는 것에 관해서와 마찬가지로 선한 것에 관해서도 많은 의미들을 진술할 수 있다"는 사실을 지적하며 다음과 같은 결론을 내린다. "그러므로 공통되며 하나의 유일한 이데아로 파악될 수 있는 선한 것은 존재하지 않는다."(*NE* 1096a) 게다가 '그' 선이 실제로 있다면 모든 선한 것에 관한 단 하나의 학문만이 있을 것이다. 하지만 사실 그렇지 않다.

그런 다음 아리스토텔레스는 선 자체와 선한 것의 차이점이 무엇인지 묻는다. "또한 선 자체가 영원하다는 이유로 더 선한 것이 될 수도 없다. 영원히 하얀 것이 단 하루만 하얀 것보다 더 하얘지는 않은 것처럼 말이다."(*NE* 1097b) 이렇게 해서 그는 사변 이성의 실천적 아포리아에 도달한다. "하나이며 일반적으로 진술할 수 있는, 또는 따로 떨어져서 그 자체로 존속하는 어떤 선이 존재한다 하더라도 이 선을 인간이 실현할 수도, 획득할 수도 없다는 것은 분명하다. 하지만 이제 우리가 찾는 것은 그와 같은 선이다. ─ 아마도 따로 떨어진 선에 관한 지식이 획득하고 실현해야 할 선들과 관련하여 유용함을 제공할 거라고 생각할 수도 있다. 우리는 그것을 일종의 모델처럼 염두에 둠으로써 우리에게 선한 것을 더 잘 인식할 수도 있을 것이고, 만약 그렇게 된다면 그것을 성취할 수도 있을 것이다. 그런데 이러한 고찰은 어느 정도 개연성이 있기는 하지만 학문에서는 사실과 모순된다. 모든 사람은 어떤 선을 추구하고, 자신에게 부족한 것에 관심을 가지지만, 그럼에도 이 같은 선 자체에 관한 인식은 제쳐두기 때문이다. 하지만 모든 전문가(기술자technites)가 그 같은 도구를 알지 못하고, 한 번도 아쉬워하지 않는다는 것은 믿을 수 없다. 또한 이 선 자체를 알게 된다고 해서 직조공이나 목수가 자신이 가진 기술에 유용한 무엇가를 얻을지, 또는 누군가가 '선의 이데아를 보았을 때' 어떻게 더 나은 의사나 장군이 되는지 통찰할 수도 없다. 의사는 결코 건강 자체가 아니라 사람의 건강, 어쩌면 이 특정한 사람의 건강을 찾는 것으로 보인다. 왜냐하면 그는 개개인을 치료하기 때문이다."(*NE* 1096b 32 이하)

플라톤에게는 실천적 선, 즉 사람들이 실현하거나 획득할 수 있는 것이 중요했다. 하지만 아리스토텔레스에 따르면 플라톤이 언급한 일반적으로 진술할 수 있으며 따로 떨어져서 존재하는 하나의 선은 설령 존재한다 하더라도 이 같은 선이 될 수 없다. 이에 대해 플라톤은 선 자체의 획득이나 실현이 아니라 선의 모범을 따르는 선한 행위가 중요하다고 답할 수 있을 것이다. 그러나 여기서 아리스토텔레스는 그 같은 일반적 모범이 실천과 무관하다고 지적할 수 있다. 행위는 언제나 개별적으로, 즉 항상 단수의 대상 및 상황과 관련하여 일어나기 때문이다. 인식과 행위는 서로 다른 층위에 속한다. 이 점이 단순히 일반적인 것의 실천적 무의미함을 논증한다. 중요한 것은 일반적 통찰을 구체적 행위 상황과 연관 짓고, 이에 비추어 판단하는 역량이다. 아리스토텔레스는 이를 지혜phrónesis라고 부르며, 개인의 인식인 경험과 직접 연관시킨다. 이와 반대로 항상 일반적인 것이나 사물의 근거 및 원인과만 관계되는 학문적 인식(에피스테메)은 지혜를 대체할 수 없다. 거기에선 개별적인 것에 관한 언급이 없기 때문이다. 그리하여 학자들이 실제 정치에서 종종 실패하는 반면 중요한 정치인들이 위대한 이론가인 경우가 매우 드문 이유를 이해할 수 있게 된다. 물론 아리스토텔레스는 이론이 행위와 무관하다고 주장하지 않는다. 여기서도 이론적 지식은 아무런 해를 끼칠 수 없으며, 이는 특히 아리스토텔레스가 실천철학에서 설명한 실천 이론에 바로 적용된다. 그 이론은 더 나은 실천을 가능하게 해준다. 행위의 일반적 조건과 의미 있는 목표를 명확히 해주기 때문이다. 그리고 오직 이러한 의미에서 아리스토텔레스는 다음과 같이 말한다. "우리는 덕이 무엇인지를 알기 위해서가 아니라 덕을 갖추기 위해서 질문하는 것이다."(*NE* 1103b 27 이하) 그러나 이것은 이론가가 자동적으로 더 나은 정치가라든가, 플라톤처럼 선한 사람이나 정치가가 되기 위해 먼저 철학을 공부해야 한다는 뜻은 아니다.

이제 우리는 다음과 같은 논증으로 플라톤의 '기술적' 정치 모델을 변호하고 싶을 수도 있다. 즉 철인왕의 행동은 인간 세계에서 선을 실현하는 것을 진지하게 여기는 사람이라면 민주주의 지지자로서 받아들여야 하는 실천이라고 주장하는 것 말이다. 여기서 아리스토텔레스는 좁은 의미의 행위(프락시스prâxis)와 제작(포이에시스)의 차이를 지적할 수 있다. 수공업자나 건축가처럼 이전에 구상한 것을 어떻게 구현하는지 아는 사람은 아리스토텔레스가 '기술'(테크네)이라고 부른 일반적 지식 역시 실제로 활용한다. 여기서 의미하는 것은 미학적인 것이 아니라 오늘날에도 여전히 '조리술'이나 '승마술' 등으로 표현되는 솜씨(노하우)다. 그러나 아리스토텔레스에 따르면 이같이 일반적인 제작 지식은 플라톤의 철인왕이 그의 교육 과정에서 습득했을 이론적 인식과 엄격하게 구별되어야 한다. 그런 까닭에 그것은 정치에 관한 한 그에게 아무런 도움이 되지 않는다. 정치적 행위를 이전에 사상적으로 구상한 특정한 관계들의 독재적 도입으로 이해하더라도(예컨대 헌법 제정에서), 이 또한 특정한 역사적 상황에서만 가능할 뿐이며, 그 상황을 올바르게 평가하려면 지혜와 경험이 필요하다. 게다가 행위는 제작과 달리 이론 독재나 전능한 정치국을 통한 일인극의 실행이 될 수 없다. 행위는 항상 타인들과의 사회적 관계 속에서 일어나며, 이 타인들 역시 행위하기를 원한다. 이는 어떤 행위자도 실행의 조건과 성과를 완전히 통제할 수 없음을 의미한다. 이것이 개인적 행위의 자유에 대한 대가다. 이 자유는 우리가 어떤 개인이나 집단이 행위의 조건을 독점하고 정치에서 행위로부터 제작으로 옮겨가는 것을 저지하는 한에서만 존속한다.

이로써 아리스토텔레스는 플라톤의 정치적 행위와 제작의 동일시는 정치적인 것에 대한 왜곡된 이미지를 낳았음을 보여주었다. 그렇게 하여 그는 철인왕에게서 철학적 정당성을 박탈했다. 하나의 거대 단수형인 '선'이라는 것은 존재하지 않기 때문에 어느 개인도 그것을 보고 활용할 수 없다. 실제로 실천적 정치는 자유롭고 행위할 역량을 지닌 개인들의 상호작용과 소통의 영역에서 이루어지며 사변 이성을 통한 정당화는 가능하지도, 필요하지도 않다. 이러한 통찰로 아리스토텔레스는 근세 자유주의의 초기 창시자가 된 반면 모든 종류의 이론 독재자들은 항상 비밀스러운 플라톤주의자로 남아 있었다. 사변 이성 자체를 직접 실천이성으로 이해하고, 바로 이를 통해 그것이 실천에 대해 무의미하다고 판명될 때 사변 이성의 실천적 아포리아가 생겨난다. 그렇기 때문에 이론이성과 실천이성을 근본적으로 구별해야 한다. 플라톤과 같이 제작과 행위의 차이를 우선 수용할 준비가 되어 있지 않을 때에도 이러한 통찰은 유효하다. 순수 이론은 아직까지 제작 지식을 갖추고 있지 않으며, 제작 지식을 적용하려면 '기술적' 정치 모델에도 지혜와 경험이 필요하기 때문이다. 우리가 폐쇄된 독재 세계에서 살고 있지 않은 한 모든 개별 철인왕 또는 이론 독재자 역시 자신 같은 사람들과 함께 상호주관적 맥락 안에 서 있다. 그들 중 누구도 자신의 개별적 결정에 따른 기회와 위험을 완전히 제어할 수 없으므로 그들 역시 아리스토텔레스적 의미에서 행동할 수밖에 없다. 때문에 아리스토텔레스는 이론이성과 실천이성의 단순한 대립에서 멈추지 않는다. 행위 영역에서는 제작의 합리적 능력과 좁은 의미의 행위 능력, 즉 기술(테크네)과 실천적 지혜(프로네시스)도 구별해야 하기 때문이다.

사변 이성의 플라톤적 모델은 이론과 실천의 직접적 통합을 구상하며, 게다가 행위를 제작으로 잘못 해석한다. 이에 대한 아리스토텔레스의 비판은 플라톤을 넘어 이성 개념의 내적 다원화에서 한 걸음 더 나아간 것이다. 플라톤은 선분의 비유에서 이 다원화를 단지 이론적 능력하고만 연관시켰다. 플라톤 구상의 아포리아는 이중적 형태에서 실천이성의 독립성을 인정하고, 그와 함께 이론철학과 실천철학의 원칙적 차이도 인정하라고 요구한다. 이런 방법으로만 우리는 이성적 동물이 사실상 무엇을 할 수 있는지 실제로 이해할 수 있다. 플라톤이 준비한 아리스토텔레스적 통찰, 즉 인간 이성이 사실 복수형이라는 통찰은 후대의 철학사에서, 심지어 인간 이성을 아리스토텔레스와 다르게 이해했던 곳에서도 다시는 잊히지 않았다. 가령 칸트에게서 실천이성은 입법 능력으로, 지혜(프로네시스)는 판단력으로 다시 나타났다. 게다가 이 결과는 이 책의 일반 논제의 증거이기도 하며, 이는 사변 이성의 출현을 통해 이미 분명해졌다. 즉, 이성 개념이 발전하는 과정에서 중요한 발걸음은 내재적 이성 비판에 의해 강요되었다는 것이다.

사변 이성의 '기술적' 아포리아에 관하여
—

플라톤은 실천적인 것을 우위에 놓음으로써 사변을 회복

시키면서 이론이성과 실천이성 사이의 연속체를 만들어 냈다. 아리스토텔레스에 따르면 여기서 플라톤은 인간 행위(프락시스)를 제작(포이에시스)으로 오해했고, 그렇게 해서만 철인왕에게 정치적 테크네와 이상적인 것을 현실에서 '기술적'으로 실현할 임무를 부여할 수 있었다. 아리스토텔레스는 플라톤 스스로 자신의 최초 국가 개념에서 벗어나 『법률Nómoi』에서 철학자의 국가 대신 법치국가를 내세웠다는 점은 언급하지 않는다. 아마도 아리스토텔레스의 주요 관심사는 플라톤의 국가와의 대조를 통해 이성적인 동시에 인간적인 정치적 대안 모델을 제시하는 것이었을 것이다. 마케도니아의 왕 필립포스와 알렉산드로스 치하에서의 생애 동안 아리스토텔레스는 향수에 젖어 이 모델을 되뇌일 뿐이었다. 그럼에도 불구하고 미래는 그 모델에 속해야 했다. 이는 정치적 플라톤주의의 유혹에 대한 지속적인 이의 제기였다.

그러나 정치적인 것이 이론적 지식의 '기술적' 사용에 적합한 공간을 제공하지 않는다면 다른 생활 영역에서는 어떻게 사용될까? 아리스토텔레스가 에피스테메와 테크네를 매우 광범위하게 병립시키는 것은 놀라운 일이다.(Met 982a 이하 참조) 두 가지는 다 일반적인 것 그리고 근거와 원인에 관한 지식의 형태이지만, 아리스토텔레스에 따르면 이 두 가지는 엄격하게 구별되어야 한다. 에피스테메의 지식은 우리의 개입 없이 존재하고 생성되고 사라지고 변화하는 것들만 관계되는 반면, 테크네의 지식은 우리가 제작, 즉 포이에시스 자체를 통해 우리 스스로 창조하고 생산할 수 있는 것으로 향한다. 그러므로 이론은 행위에 매우 제한적으로만 효용이 있다는 점을 시인할 수 있다. 하지만 일반적, 객관적 관계에 관한 이론적 인식을 제작 영역, 즉 상품 제작, 수공업 그리고 다양한 기술 분야에서 사용하면 안 될 이유는 무엇일까? 고대인들이 기술을 몰랐던 것은 아니다. 사실 우리는 당시, 특히 건축 분야에서 우리가 상상할 수 없을 정도로 원시적인 수단을 사용하여 달성한 엄청난 성취들에 거듭 놀라곤 한다. 그러나 근대가 시작될 때까지 이러한 제작 지식은 이론적 기반을 갖추지 못했으며, 특히 중세 건축 장인 조합에서 그랬던 것처럼 종종 비밀스러운 전통으로 전수되었다. 반면 고대와 중세의 과학 전통 전체는 역으로 그 테오리아를 확정함으로써 기술을 생성하는 효과를 내지 못했고, 그에 대한 관심도 전혀 없었다.

물론 과학과 기술의 이러한 병존이 아직까지 사변 이성의 '기술적' 아포리아를 의미하는 것은 아니다. 처음에는 이론적 지식을 기술적으로 활용할 내적 필요성이 없었기 때문이다. 사변 이성이 아리스토텔레스에게도 목적 자체는 아니라는 것, 또는 가치와 이해관계에서 자유롭지 않다는 점을 깨닫는다면 상황은 물론 달라진다. 여기서, 그리고 전체 아리스토텔레스적 전통에서 관조적 삶은 인간에게 가능한 최고의 행복으로 가는 길로 여겨졌으며, 심지어 스콜라철학에서는 영원한 지복至福의 예표豫表로 여겨졌다. 이는 매우 '사변적으로' 지복직관至福直觀 visio beatifica Dei[신의 얼굴을 직접 목격하는 가운데 지극히 큰 희열과 행복을 체험한다는 뜻 - 옮긴이]의 의미로 이해되었다. 기술적, 실천적으로 무관심했던 이론은 사실 결코 무관심하지 않았다. 그것은 최적의 행복을 실현하기 위한 테크네로 직접적으로 간주되었다. 사변 이성의 '기술적' 아포리아는 사변이 인간 행복의 매체나 수단이 될 수 없다는 것이 증명될 때 비로소 발생한다.

문화사에 관심이 있는 사람이라면 왜 근세가 시작될 때까지 사람들이 오늘날의 우리는 참을 수 없는 외부 생활 관계에 만족했었는지 한 번쯤은 궁금했을 것이다. 중세 초기에 적어도 로마의 도시와 시골의 별장에서는 오랫동안 당연하게 여겼던 일상의 안락함이 쇠퇴하기 시작했다. 그렇다면 그 후로 우리의 선조들은 왜 관조적 삶으로 도피하거나 모든 것을 영원한 지복이 올 때까지 미루는 대신 기술적 개선을 통해 이 세상에서의 행복을 추구하려 하지 않았을까? 이에 대해서는 많은 요인이 거론될 수 있지만, 그것은 분명 그들의 행복 관념과 관련이 있다. 그리고 우리가 당연하게 여기는 것을 실현하기 위해서는 이 같은 행복 관념이 근본적으로 변화해야 했다는 것도 분명하다. 지복직관은 우리에게 한없이 지루하게 느껴지는데, 과연 이론적으로는 누가 행복한 것일까?

나아가 이러한 변화의 심성사心性史적 조건에는 자연과, 자연과의 관계에 대한 근본적으로 변화된 이해가 포함된다. 기독교적 플라톤주의에 따르면 세계는 신적 창조 사상의 반영이며, 기독교적 플라톤주의가 사유를 결정하는 한 자연 속에서 신을 인식할 수 있다고 믿을 수 있었다. 사변 이성의 인지적 아포리아는 이 전제를 포기할 충분한 이유를 제공했다. 그때 자연은 신학적으로 중립적인 대상이자 기술적으로 지배해야 할 재료로 나타난다. 이는 과학의 이해에 자연과학의 기술화를 시사하는데, 이제야 비로소 기술적 우선순위 아래 에피스테메와 테크네를 결합하여 이론으로부터 실질적 효용을 기대할 수 있게 된다. 이러한 관점에서 볼 때 전통적인 플라톤-아리스토텔레스적 사변은 비합리적으로 보일 수밖에 없다.

프랜시스 베이컨(1561~1626년)은 아마도 자연에 대한 근대적 이해를 명확하게 드러낸 최초의 사람일 것이다. 『신기관Novum Organon』에서 그는 그 이해에 상응하는 과학 개혁을 촉구했다. 제목에서 알 수 있듯이 이 책은 기관Organon[아리스토텔레스의 논리학을 가리킨다. – 옮긴이], 즉 아리스토텔레스와 그의 전통에 따른 방법적 저술에 반대하며 과학 이해에 있어서의 강령적 혁명을 기획한 것으로, 말하자면 거대한 "과학의 혁신"(Bacon 6쪽)을 중요시한다. 무엇보다도 베이컨은 아리스토텔레스적 스콜라철학을 염두에 두고 다음과 같이 썼다. "유용함의 문제에 관해서 공개적으로 인정해야 하는 것은, 우리가 특히 그리스인들에게 빚지고 있는 지혜는 과학의 유아원에 속하며, 부분적으로는 어린 아이의 특성을 가지고 있다는 점이다. 그런 지혜는 말하기 위해 준비되지만, 창조에는 부적합하고 아직 성숙하지도 않다. 그것은 논쟁에서는 풍요롭지만 일에서는 빈곤하다."(앞의 책 7쪽) 따라서 전통 과학은 유용성의 기준으로 측정되며, 베이컨에 따르면 여전히 제자리에 머물러 있다. 그에 의하면 그것은 아직 '창조'할 만큼 성숙하지 않으며 일에서도 빈곤하다. 그러나 베이컨이 말하는 '창조'와 '작업'은 아리스토텔레스가 이론적 학문의 목표로 삼지 않았던 것을 의미한다. "내 이론의 목표는 논거가 아니라 기술의 발견이다. 원리와 일치하는 사물이 아니라 원리 자체의 발견이다. 가능성이 아니라 작업에 관해 확고히 표명되고 유효한 진술의 발견이다. 서로 다른 목표 설정은 서로 다른 결과를 가져온다. 적수는 저기서 논쟁을 통해 정복한다고 해도 자연은 여기서 실행을 통해 복속시켜야 한다."(앞의 책 20쪽) 이로써 이 과학 개혁은 더 이상 단순히 찾아내는 것이 아니라 발견, 말하자면 '작업', 즉 '기술'에 따른 적극적 자연 지배 조건에 관한 유효한 진술을 가능하게 하는 원리의 발견을 목표로 한다. 아리스토텔레스가 '에피스테메'라고 불렀던 것은 이제 '테크네'에 봉사하게 된다.

이에 대해 베이컨은 유명한 논증을 제시한다.

"중요한 것은 단지 관조의 행복에 관한 문제가 아니라 인류의 일과 행복 그리고 모든 일을 할 수 있는 힘에 관한 것이다. 자연의 봉사자이자 통역가인 인간은 작업이나 정신을 통해 자연의 질서를 관찰한 만큼만 알기 때문이다. 그 이상은 알지 못하며, 그 이상 할 수 있는 것도 없다. 어떤 힘으로도 원인의 사슬을 풀거나 끊을 수 없으며, 자연에 복종해야만 자연을 극복할 수 있다. 그러므로 인간의 과학과 힘이라는 쌍둥이 목표는 일치하며, 일의 실패는 대개 원인에 대한

무지에서 비롯된다."(앞의 책 32쪽)

"아는 것이 힘이다", 인류의 행복에 봉사하는 도구로서의 지식, 이것이 과학을 통한 자연 지배의 "베이컨 프로젝트" (Schäfer 1993)다. 이 기획은 근대의 과학에 관한 이해를 사로잡았으며 오늘날까지도 계속해서 영향을 미치고 있다. 베이컨에 따르면 이를 위해서는 방법론적 혁명이 필요하다. 그것이 귀납법적 지도 원리하에 "정신의 예측"을 "자연의 해석"으로 대체하는 『신기관』이다. 개별적이며 우발적인 관찰을 일반화하는 "부주의하고 성급한 절차"(Bacon 47쪽)인 "예측"은 방법적으로 통제된 경험 및 그에 따른 귀납이라는 의미에서 "해석"으로 대체되어야 한다. 이는 기술적-실천적 자연 전유의 방법론적 측면, 즉 기술의 보다 좁은 의미에서의 기술적 측면을 의미하는 것이다. 이는 나중에 자연현상들을 제어하고 사용하기 위해 먼저 인식적으로 자연에 복종해야 한다는 뜻이다.(앞의 책 41쪽 이하 참조)

기술 시대에서의 역사적 경험과 이와 결합된, 현대의 대부분의 해악에 대해 항상 "베이컨 프로젝트"에 책임을 묻는 요란한 문화 비판의 배경 앞에서 베이컨이 보여주는 순수함에는 감동적인 무언가가 있다. "아는 것이 힘이다"라는 원리는 자연적 경건함과 인류애와 대립해서는 안 된다.(앞의 책 32

쪽) 모든 과학 활동은 투쟁심, 이득, 명성 또는 권력이 아니라 '사랑'에 종속되어야 하기 때문이다.(앞의 책 16쪽) 여기에 도달하는 것은 너무나 먼 길이었고, 베이컨은 그의 프로젝트가 급속도로 실현될 때 언젠가 환경, 사회 그리고 사람들이 장차 치르게 될 비용을 가늠할 수 없었다. 그는 기회를 보았을 뿐이며, 그럴 만한 충분한 이유도 있었다. 실제로 인간을 위해 봉사하는 과학은 근대 계몽주의의 슬로건이었고, 자명하게도 그 성공이 우리의 근대적 삶을 결정했다.

프랜시스 베이컨이 역사에 끼친 영향이 무엇인지 묻는다면, 그의 방법론은 최대한 배제되어야 한다. 사실 베이컨은 방법적으로 주도되는, 즉 실험적인 경험을 요구했고, 또한 귀납적 절차를 정교화함으로써 모든 것을 경험(그리스어 empeiría)으로부터 기대하는 이후의 경험주의에 본질적인 자극을 주었다. 그러나 이론적으로 그는 '실체성-우유성偶有性' 그리고 '본질-현상'이라는 아리스토텔레스적 개념 체계에 갇혀 있었는데, 적어도 갈릴레이 이후 자연과학자들은 이 개념 체계를 어떻게 다루어야 할지 전혀 알지 못했다. 이들은 스토아철학에 의존하여 주로 자연법칙 개념을 지향했다. 그러나 케플러의 법칙, 낙하의 법칙, 중력의 법칙 같은 것들은 더 이상 스콜라철학의 개념을 매체로 하여 표현될 수 없었고, 오로지 수학적으로만 표현될 수 있었다. 이런 의미에서 갈릴레이는 자연의 책이 수학적 언어로 쓰여 있다고 말했다.(Mittelstra ß 201쪽 참조) 칸트조차도 "모든 특정한 자연 이론에서는 수학이 발견되는 만큼만 실제 과학을 만날 수 있다"라고 주장한다.(MAN A VIII) 베이컨은 현대 자연과학 개념 쪽에 잔류했지만, 지식 유토피아 개념은 효과를 보여주었다. 르네 데카르트(1596~1650년)조차 그 유토피아에 동참했고, 베이컨과 공통점이 거의 없는 자신의 과학 개혁을 통해 인간이 "자연의 주인이자 소유자"(Abh VI, § 3)가 될 수 있다고 믿었다. 그렇게 프랜시스 베이컨은 "베이컨 프로젝트"의 선전가 역할을 계속해서 했다.

사변 이성의 기술적 아포리아는 전통적 이성 개념의 근본적 변화를 야기했고, 근세적 이성의 기본 유형인 도구적 이성(호르크하이머, 1895~1973년)으로 이어졌다. 물론 인간은 이미 전부터 목적을 달성하기 위해 이성적 수단을 사용할 능력이 있었다. 하지만 베이컨 프로젝트에 와서야 도구적 이성이 현대의 자연과학과 체계적으로 결합하면서 사변 이성을 능가하기 시작했다. 근대 과학이 전체적으로 "성과 지향적 행위"(Habermas 1968, 157쪽)의 전범典範을 따르기 때문에 핵심이 도구주의적이라는 논제에는 종종 모순된다. 이유가 없는 것은 아니다. 모든 자연과학 분과를 베이컨의 도식에 끼워 넣을 수는 없다. 그러나 기술이 우리의 삶을 결정하는 만큼, '순수한' 이론적 기초 연구와 기술 적용 간의 차이는 유동적이고, 베이컨 프로젝트는 점점 더 명확하게 과학적 실천을 규정하는 것처럼 보인다. 거기에 더해 실용주의는 지배적인 현대 철학으로, 더 폭넓은 논증을 통해 과학 이론의 도구주의를 뒷받침한다. 자연에 관한 이해와 관계의 심오한 변화를 배경으로 하는 도구적 이성의 근대적 지배에는 확실히 많은 원인이 있었지만, 그중에서도 이런 변화의 신학사적 조건이 미친 영향을 과소평가해서는 안 된다. 중세 말까지 신학적 해석 외에는 세계에 대한 포괄적 해석이 없었기 때문이다. 이에 대해서는 나중에 다시 다루게 될 것이다. 게다가 도시의 부상, 분업에 기초하여 생산하는 시민층의 생성 등 사회사적 요인들이 결정적이었다. 이 시민층의 경제적 성공은 제작 지식으로서의 테크네에 대한 체계적 고평가를 촉진했고, 따라서 자연이 우리의 욕구와 이익을 기술적으로 만족시키기 위해 무진장한 에너지와 원자재를 제공하는 저장고라는 생각을 촉진했다.

사변 이성의 종교적 아포리아에 관하여

—

　사변 이성의 종교적 아포리아는 이른바 인간의 최고 인식 능력인 사변 이성이 종교 문제에서 무력하고 오해의 소지가 있다고 판명될 때 나타난다. 여기서 '종교'는 객관적인 의미로도, 주관적인 의미로도 이해될 수 있다. 한편으로는 기독교, 이슬람교 또는 고유한 전통, 제도 및 신념을 가진 자연종교 같은 종교적 체계를 지칭한다. 다른 한편으로는 특정한 확신과 생활양식의 맥락에서 나타나는 개인이나 집단의 태도를 말한다. 여기서는 이 두 번째 의미인 종교성으로서의 종교만이 '종교적 아포리아'라는 표현과 관계된다.

　그렇다면 '종교성과 사변은 어떻게 관계되었기에 종교적 아포리아가 나타날 수 있는가'라는 의문이 제기될 수 있다. 오늘날의 관점에서 우리는 신화와 숭배가 결합된 본질적으로 자연종교였던 그리스와 로마의 종교가 사상사적으로 "뮈토스에서 로고스로"라는 표현에 걸맞게 사변 이성으로부터 분리되었던 것이라고 이해하고 있다. 물론 그렇다고 철학자들 사이에서 종교성이 배제된 것은 아닌데, 소크라테스처럼 전통적인 종교 규범을 충실하게 따르는 것이나 스토아학파의 세속적이거나 우주적인 경건함에서도 마찬가지였다. 그럼에도 불구하고 플라톤과 아리스토텔레스의 이론이 종교적 견지에서 완전히 중립적이라는 점은 주목할 만하다. 플라톤의 소크라테스는 생활 태도에서 신을 신뢰하는 것이 아니라 최고의 로고스를 신뢰하며, 그 외에도 그의 다이모니온[daimónion] [다이몬daimon은 고대 그리스에서 통용되던 영적 개념으로, 인간과 신의 중간에 있거나 죽은 영웅의 영혼을 뜻한다. 다이모니온은 다이몬의 형용사 형태다. – 옮긴이]의 내면의 목소리를 듣는다. 이 목소리는 물론 간헐적으로만 무언가에 관해 그에게 조언한다. 후에 사람들은 거기서 양심의 목소리의 초기 형태를 인식하려 했던 반면, 소크라테스에게 사형 판결을 내렸던 동시대인들은 새로운 신의 출현이라고 의심했다. 플라톤은 국가론에서 종교를 정치적으로 도구화하고 폴리스의 안정에 도움이 되는 신의 형상만을 허용하길 주저하지 않았다.(Resp 377e 이하 및 Nom 908d 이하; Schäfer 2005, 특히 196쪽 이하 참조)[2] 마지막으로 신학이 제1철학으로 형이상학의 최고 위치를 차지하는 아리스토텔레스의 경우, 신적인 것을 인격이 아니라

---

2 – 티마이오스Timaios에 대한 해석에서 로타르 셰퍼Lothar Schäfer는 플라톤의 우주론이 주로 자연과학적 관심이 아니라 우주의 구조가 정치적 질서의 모범임을 입증한다는 목표를 좇고 있음을 보여준다. 선하고 정의로운 국가가 관건이 되어야 한다면 철학적 주권자는 국가를 수립할 때 이 모범을 좇아야 한다. 관념적 지주支柱인 신에 대한 믿음도 그 모범을 따라야 한다. 이에 대해서는 Schäfer 2005, 150쪽 이하를 참조하라.

자기 자신에 대한 지식도 포함하는 부동의 원동자로 여겼다. 그것은 인간처럼 로고스를 가지고 있지 않으며, 그 이성은 언어적이지 않기 때문이다. 즉 이 '신'은 말하지도 듣지도 않으며, 따라서 그에게 기도할 수도 없다.

서구에서는 특수한 의미에서 사변 이성과 종교의 결합이 기독교에 의해 이루어졌다. 완전히 다른 두 가지 전통이 발전된 형태의 기독교 안에서 만났기 때문이다. 한편에는 모든 자연종교에 대한 "반종교"(Assmann 53쪽)로 등장하는 유대교적, 기독교적 계시종교의 전통이 있다. 대신 그것은 역사의 종교이며, 존재하는 세계를 통한 어떤 매혹과도 반대되는 말과 글의 종교이다. 가장 중요한 점은 어떤 신적인 것이 아니라 이름으로 알 수 있고 기독교인들이 예수라는 인물로 앞세운 인격신에 관한 것이다. 다른 한편으로 이것은 그리스 자연종교로부터 자라난, 특히 스토아철학과 신플라톤주의의 사변 철학에 의해 반대에 부딪혔다. 호교론자들과 교부들은 후기 헬레니즘이 제공한 수많은 사조들과 경쟁하며 초기 기독교적 전승이 우월하고 유일하게 참된 철학임을 입증하기 위해 이 사변 철학을 이용했다. 여기서 중세 후기에 아포리아적이라고 판명될 종교성과 사변 이성의 기독교적 특수한 결합이 나타났다.

수 세기에 걸쳐 결정적인 역할을 한 실제 창시자는 모든 철학 체계를 알고 있었지만 결국 회의론자가 되고, 그 후 기독교로 개종한 아우구스티누스(354~430년. Flasch 1986, 27쪽 이하 참조)다. 유형학적으로 볼 때 그는 종교성과 사변 이성을 통합하는 플라톤적 경로를 보이며, 이는 곧 "내면으로 향하는 길"을 대변한다. 이 길은 자기 인식에 관한 플라톤적 상기론 모델에 따라 신의 인식으로 직접 연결되어야 한다. 이를 위해 아우구스티누스는『고백록Confessiones』에서 영속적 모델을 구상했다. 이는 신론Gotteslehre에서 신의 존재론적 증명으로 귀결되는데, 순수한 사유의 수단을 가지고 우리가 자신 안에서 발견하는 최고의 완전한 실재라는 개념으로부터 그 존재를 추론하게 된다. 이로써 아우구스티누스는 "이 세상의 지혜"(고린도전서 1장 20절 참조), 즉 고대 철학 전체가 "밖으로 향하는 길"을 밟고 이것으로 참된 종교에서 벗어나는 한 고대 철학 전체에 대한 사도 바울의 변론을 예리하게 했다. 이렇게 해서 그는 계시종교와 신의 사변적 인식을 결합하여 중세 초기 전체의 지도 원리로 남아 있던『기독교 학문Scientia christiana』이념의 기초를 다졌다.

반면, 아랍인들이 아리스토텔레스 수용을 가능케 해주면서 생겨난 전성기 스콜라철학의 기독교적 아리스토텔레스주의(알베르투스 마그누스, 1200~1280년경, 그리고 토마스 아퀴나스, 1224~1274년경)는 사변과 종교를 결합하는 아리스토텔레스의 길, 즉 "밖으로 향하는 길", "세계로 오는 길", 그리고 신의 인식으로서의 세계 인식이라는 관념을 스케치처럼 단순화하여 대변한다. 그 기본 모델은 신에 관한 우주론적 증명이다. 이 모델에서는 세계의 모든 유한한 것이 규정되어 있다는 점에서 출발하여 규정되지 않은 자와 최초로 규정하는 자를 추론한다. 아리스토텔레스 또한 이미 이런 식으로 부동의 원동자를 추론했지만, 스콜라철학은 그것을 유대교적, 기독교적 계시의 인격적 신과 직접적으로 동일시한다. 기독교의 모든 교설을 아리스토텔레스 학문으로 설명할 수 없다는 경험은 중세 전성기의 논쟁에서 상당한, 하지만 매우 유익한 긴장을 불러일으켰다. 아우구스티누스의 『기독교의 독트린Doctrina christiana』의 통일성은 일반적으로 철학적 지식과 계시적 신앙의 보완관계로 대체되었다. 하지만 이 계시적 신앙은 더 이상 전체 지식이 아니라 인간 이성에게는 너무 '높은' 비의秘意에만 관계된 것이었다. 이로써 그때까지 신학의 입문 교육으로 여겨졌던 철학이 그 자체로 신학에 대해 상대적 자율성을 얻었다.(Flasch 319쪽 이하 참조)

기독교적 플라톤주의와 기독교적 아리스토텔레스주의는

기독교적 중세 시대 전체를 특징짓는 사변 이성과 계시종교의 결합에 있어서 광범위한 중간 단계의 두 가지 전형적 표식일 뿐이다. 신에 대한 합리적 인식과 계시적 인식은 항상 긴장 관계에 있었다. 하지만 이는 아직까지 사변 이성의 종교적 아포리아를 의미하지는 않았다. 인간의 인식 능력으로 신을 파악하려는 시도가 종교적 견지에서 필연적으로 오류를 불러일으킬 때에야 그 아포리아에 관해 말할 수 있었다. 이 아포리아에 관한 가장 예리한 표현은 로테르담의 에라스뮈스(1469~1536년)의 인문주의와 논쟁하던 마르틴 루터(1483~1546년)에게서 찾을 수 있다. 에라스뮈스는 고대의 교양을 기독교의 계시와 조화롭게 통합하려고 했다. 목적은 무엇보다도 급진적 종교개혁 운동의 과잉적 파괴로부터 교양을 보호하는 것이었다. 루터와의 직접적인 대립은 루터의 전투적 서술인 「노예의지론De Servo arbitrio」(1525)을 통해 이루어졌다. 이 글에서 루터는 에라스뮈스의 「자유의지론De libero arbitrio」(1524)에 응답한다. 이 저작에서 루터는 모든 인문주의에 대해 상상할 수 있는 가장 예리한 경계를 설정한다.(Flasch 593쪽 이하 참조)

　　루터에 따르면, 자신의 힘에서 비롯되는 모든 종교적 실행은 새로운 죄를 쌓는 것일 뿐이다. 인간과 신의 관계에서는 모든 것이 은혜이기 때문이다. 자신의 업적을 통해 신 앞에서 자신을 의롭게 하려는 모든 시도는 신에게서 멀어지는 결과를 낳는다. 왜냐하면 정의는 진실로 오직 믿음에서만 나오기 때문이다. 이러한 맥락에서 루터는 이성을 "악마의 창녀"(Flasch 598쪽 참조)라고 말한다. 그러나 이것을 이성에 대한 일반적 적대감으로 해석하고 이 적대감을 계속 그래 왔듯이 프로테스탄티즘 전체의 탓으로 돌린다면 그것은 잘못일 것이다. 사실 루터는 단지 이성의 종교적, 신학적 오만을 공격한다. 반면 이성은 세속의 일을 극복하기에 가장 적합하며, 이러한 기능 측면에서는 심지어 신의 선물로 볼 수도 있다. 1521년 보름스 제국의회에서 루터는 '글과 이성'을 통해 반박되기를 원한다고 요구했다. 여기서 그가 의미한 것은 논증과 근거의 활용이다. 그러나 결정적인 것은 루터가 이성보다 우선시되거나 더 상위일 수 없는 '글'을 먼저 언급한 것이다. 이렇게 해서 루터에게는 순수한 사변 이성에서 나오는 신학적 명제가 아니라 성서에 기초한 명제만이 있을 뿐이다. 인간의 이성은 물론 명백하고 추론적인 방식으로 성서에 적용되어야 한다. 루터에 따르면, 이성은 믿음의 내용의 개연성(또는 신뢰성)을 뒷받침하는 근거를 제시할 수 있다. 그러나 그 자체를 스스로 정당화할 수는 없다.

루터는 사변 이성의 이러한 종교적 무관심, 즉 철학이 신학적으로 무능한 이유를 인간의 죄악에서 찾는다. 신 앞에 선 인간의 믿음에서 비롯되는 의로움만이 인간의 이성도 정화하고 신학에 적합하게 만든다. 사변 이성의 종교적 아포리아에 관한 이 역사적으로 매우 효과적이었던 논제는 본질적으로 두 가지 뿌리를 가진다. 성서적 뿌리와 형이상학 역사의 뿌리가 바로 그것이다.

성서적 기원은 바울 신학과 관련이 있다. 바울은 이렇게 말한다. "멸망할 사람들에게는 십자가의 이치가 한낱 어리석은 생각에 불과하지만 구원받을 우리에게는 곧 하느님의 힘입니다. 성서에도 '나는 지혜롭다는 자들의 지혜를 없애버리고 똑똑하다는 자들의 식견을 물리치리라' 하는 말씀이 있지 않습니까? 그러니 이제 지혜로운 자가 어디 있고 학자가 어디 있습니까? 또 이 세상의 이론가가 어디 있습니까? 하느님께서 이 세상의 지혜가 어리석다는 것을 보여주시지 않았습니까? 세상이 자기 지혜로는 하느님을 알 수 없습니다. 이것이 하느님의 지혜로운 경륜입니다. 그래서 하느님께서는 우리가 전하는 소위 어리석다는 복음을 통해서 믿는 사람들을 구원하시기로 작정하셨습니다. 유대인들은 기적을 요구하고 그리스인들은 지혜를 찾지만 우리는 십자가에 달리신 그리스도를 선포할 따름입니다. 그리스도가 십자가에 달렸다는 것은 유대인들에게는 비위에 거슬리고 이방인들에게는 어리석게 보이는 일입니다."(고린도전서 1장 18~23절)

[공동번역 성서에서 인용함 – 옮긴이]

신의 지혜와 인간의 지혜는 이렇듯 일관되게 대비된다. 루터 또한 종교적 문제에 있어서 사변과 지식을 계시와 믿음으로 대체한다. 계시된 기독교적 진리는 "모든 인간의 이성보다 높기"(필립비서 4장 7절) 때문이며, 이성의 수단으로는 파악할 수 없기 때문이다.

사변 이성의 종교적 아포리아의 형이상학 역사의 뿌리는 중세 후기의 유명론唯名論과 신론의 주의주의主意主義 혁명을 가리킨다. 이 둘을 합치면 신은 숨은 신(deus absconditus)이 되고, 그 신은 십자가의 '분노'나 '어리석음'을 통해 계시된 신(deus revelatus)과 대면하게 된다. 유명론은 철학적으로 단수의 개별 사물들만이 존재한다는 입장을 취하며, 이에 따르면 유명론에 대립하는 보편 실재론이 실재한다고 간주하는 일반적 규정은 단순한 이름(nomina), 즉 우리의 주관적 추상의 결과일 뿐이다. 유명론의 근본적 신념에 따르면 일반적인 것에 관한 객관적 인식은 존재하지 않는다. 즉 경험과 무관한 사변적 진리는 없으며, 따라서 순수이성에서 비롯되는 신의 인식도 없다. 이러한 배경에서 계시와 "오직 성경 Sola scriptura"의 원칙을 루터가 고수한 것도 철학적으로 이해할 수 있게 된다.

반대로 주의주의 혁명은 요하네스 둔스 스코투스(약 1266~1308년)가 정립하고 오컴의 윌리엄(약 1285~1349년)이 더 발전시킨 교리와 관계된다. 이에 따르면 신의 본질에서는 의지가 이성보다 더 높다.(Heimsoeth 225쪽 이하 참조) 이는 신의 무한한 자유와 주권의 견지에서 논증되었다. 이 과정에서 핵심이 되는 해가 1277년이다. 토마스 아퀴나스 사후 불과 3년 만인 이 해에 파리의 주교 탕피에르가 교황의 승인을 받아 이미 공포된 많은 명제를 금지했기 때문이다. 여기에는 토마스 아퀴나스의 몇몇 명제도 포함되었다. 같은 해에 캔터베리 대주교도 거기에 합류했으며, 이는 옥스퍼드 대학교에 직접적으로 영향을 미쳤다.(Pieper 116쪽 이하 참조) 이는 "중세의 가장 심각한 판결"로, "이 시대 정신사의 진정한 요체"(van Steenberghen, Pieper 116쪽에서 인용)로, 심지어 "스콜라 철학의 황금기"와 "철학과 신학의 허니문"(Gilson, Pieper 123쪽에서 인용)의 종말로 불렸다. 사실 여기서 전성기 스콜라철학에서 이뤄진 플라톤-아리스토텔레스적 형이상학과 기독교적 계시신학 사이의 균형이 신학적 논변에 의해, 그러나

매우 권위적인 방식으로 해체되었다.(Flasch 1989 참조)

교회 당국은 "그리스의 필연성 사상"(Gilson, Pieper 126쪽에서 인용)의 한계 안에 신의 생각과 행위를 가두는 모든 시도에 저항했다. 필연성 사상은 그리스 아리스토텔레스주의자들의 아비센나(980~1037년)와 아베로에스(1126~1198년) 수용을 통해 신학으로 옮겨갔다. 그에 따르면 신은 모든 일에서 그의 예지적 본성을 따르지 않을 수 없으며, 우리는 사변 이성을 도구로 삼아 이를 파악할 수 있다. 반면 토마스 아퀴나스도 대변했던 이 견해에 반대하는 사람들은 신의 자유를 주장했다. 이는 신의 의지에 의한 결정이 더 높은 수준의 이성 원칙에 의해 제한되지 않는다는 것을 의미한다. 신이 창조하고 영향을 미친 모든 것은 언제나 완전히 다를 수 있다. 따라서 신은 종교적 견지에서 다시 숨은 신이 된다. 그는 불가해한 신이기 때문이다. 이에 관해서는 성서도 언급하고 있다.(이사야 40장 13절, 로마서 11장 34절) 주권적 판결자로서 신은 뚜렷한 이유 없이 사람들을 받아들이거나 물리칠 수 있으며, 영원한 지복이나 저주로 향하도록 예정할 수 있다.(로마서 8~11장 참조) 이로써 아우구스티누스가 후기 저서에서 다시 채택했던 선택설과 예정설의 비합리성(Flasch 1986, 36쪽 이하 참조)이 형이상학적으로 논증되었다. 그것은 우리가 상상하기 어려운 방식으로 중세 후기의 경건한 사람들을 놀라게 하고 불안하게 만들었다. 그리고 철학적으로 오컴의 영향을 받은 아우구스티누스 수도회의 젊은 수도사 마르틴 루터가 던진 핵심 질문의 토대가 되었다. "자비로운 하느님을 어떻게 얻을 수 있을까?" 그의 대답은 "오직 믿음으로부터"다. 이렇게 해서 신론의 주의주의 혁명은 최초로 프로테스탄티즘도 가능하게 해주었다. 그리고 도리어 지식과 믿음, 사변과 신학의 조화와 보완을 추구했던 요한의 전통에 맞서 루터가 바울의 전통을 강조한 이유는 오직 이렇게 해서만 이해될 것이다. 따라서 사변 이성이 종교적인 것에 무관심한 이유는 우리 이성의 표준과 규칙에 따라 측정된 신 자체의 비합리성에 근거한다. 그와 반대로 신에 관하여 우리가 알 수 있는 모든 것을 신은 은혜롭게도 우리에게 계시했다. 물론 오직 그가 선택한 이들에게만 말이다.

결과적으로, 종교에 무관심한 사변 이성은 자신을 세속 이성—성소聖所(라틴어 fanum) 밖에 머무르는 것은 세속적이다—으로 간주한다. 그리하여 중세 후기의 신학사를 배경으로 지식과 신앙, 이성과 계시의 대비가 루터에게서 완전히 이루어졌다. 물론 상호보완성 논제를 내세운 토미즘[토마스 아퀴나스의 영향을 받은 철학과 신학의 학파—옮긴이]은 오늘날까지 가

톨릭에서 살아남았으며, 인문주의적 타협의 요소들도 멜란 히톤(1497~1560년)에 의해 루터교로 다시 돌아왔다. 반면 칼뱅주의자들은 여기서 확고한 태도를 유지했고, 그리하여 더 이상 신적인 것으로 향하지 않는 세속 이성의 자율성을 서구 세계에서 더욱 확고하게 관철시켰다. 이는 산업적, 시장 경제적 근대화를 위한 강력한 이상적, 정신적 추동력이 될 것이었다.(Weber 1920/2004 참조) 그러므로 바울은 자신이 말했던(로마서 1장 18절 이하 참조) 계시와 무관하며 계시에 앞서는 인간의 신에 대한 인식이 있는가 하는 자연신학의 문제는 여전히 의제로 남았으며, 오늘날까지도 계속해서 신학의 원칙 논쟁을 규정한다.

그러나 자연신학을 합리적 신학과 혼동해서는 안 된다. 후자의 경우 중요한 것은 사변 이성에서 비롯되는 철학적 신론의 새로운 형태다. 그것은 근세가 시작할 때 등장하지만 더 이상 종교적 목표를 좇지 않는다. 그 중심에는 신의 존재 증명이 있지만, 그것은 더 이상 캔터베리의 안젤무스(약 1033~1109년)와 토마스 아퀴나스처럼 믿음의 대상을 합리적으로 보증하기 위해 사용하지 않는다. 그것은 순수하게 철학 내적인 목적을 위해 사용된다. 데카르트에게 신의 과제는 급진적 인식론의 회의에 맞서 과학적 물리학에서 외부 세계에 관한 인식을 보증하는 것이다. 이를 위해서는 순수하게 합리적인 논증으로 그가 존재하며 기만적인 신이 아니라는 점을 우선 입증해야 한다. 칸트에 이르기까지의 전체 합리주의 형이상학에서 사변 이성은 새로운 형태로 회복되어야 했다. 여기서 신은 세계와 그 인식 가능성의 체계적 통일을 보장해야 했다. 그러한 의무 봉사를 경건한 심성의 사람들이 얼마나 의심하며 적대적으로 보았을지 짐작할 수 있다. 그리하여 데카르트만 하더라도 교회의 박해로부터 안전하기 위해 은둔하며 살아야 했다. 역으로 신의 존재 증명은 종교적 견지에서 루터와 프로테스탄티즘과 전혀 무관하다. 당시 신의 존재라는 단순한 사실에 대해서는 의심의 여지가 없었다. 그와 반대로 은혜로운 신에 관한 문제 앞에서 합리적 신학은 침묵한다.

더 이상 성서의 신이 아닌 "철학자들의 신"(Weischedel 참조)은 19세기에 이르기까지 끊임없이 무신론이라는 의심을 받았다. G. W. F. 헤겔조차 이를 두려워해야 했는데, 공식 교회가 계시의 하느님을 주장해야 했기 때문이다. 헤겔이 기독교를 '계시된 종교' 그 자체로 철학적으로 논증하려고 시도했다는 사실은 그의 적대자들의 의심을 더욱 키워줄 뿐이었다. 헤겔 이전의 철학자들은 대개 두 신학 전통의 평화로운 공존을 선언하며 계시 신앙에 머리를 숙이고 이를 교회의 소관으로 넘기는 전술을 그럭저럭 구사했다. 더 이상 방해받지 않고 합리적 신학의 문제에 관심을 쏟기 위해서였다. 이렇게 볼 때 신의 철학적 존재 증명은 인간 이성의 세속성을 바로 입증하는 듯 보였다. 계시를 통한 깨달음이 필요 없기 때문이다. 모든 신의 존재 증명에 대한 칸트의 비판은 아마도 여기서 최종 결론을 의미했을 것인데, 왜냐하면 그것이 이성적 신학 자체의 아포리아를 지적한 것이기 때문이다. 칸트에 따르면 세속 이성은 절대자의 유한한 이성으로서 철학적 견지에서건 종교적 견지에서건 대단치 않다. 그리고 모든 것이 그렇게 말하듯 칸트가 옳다면 계시종교를 구하려는 헤겔의 사변적 시도 역시 효과가 없다. 따라서 신실한 기독교인들이 그들의 신학에서 다시 한 번 이성으로부터 벗어나 모든 것을 감정에 맡긴 것은 우연이 아니었다. 이를 주도한 인물은 경건주의 출신인 프리드리히 D. E. 슐라이어마허(1768~1834년)였고, 여기에서 철학적 사변의 종교적 야망에 대한 아우구스티누스-루터적 반대운동이 재개되고 강화되었다. 그 결과 여전히 현대 프로테스탄트 신학을 대변하는 모든 형이상학에 대해 종교는 완전한 자율성을 갖게 되었다.

사변 이성의 인지적 아포리아에 관하여

—

사변 이성의 개념은 결코 논쟁의 여지가 없지 않았으며 항상 회의적이고 비판적인 반대를 수반했지만, 이 반대는 매우 오랫동안 그 핵심에 도달하지 못했다. 인지적 아포리아는 내재적 비판에 의해서야 비로소 나타났다. 인식에 있어서 사변 이성의 힘을 신뢰하는 것이 사변 영역 자체에서 비롯되는 합당한 이유 때문에 비합리적으로 보일 수밖에 없던 때였다. 또한 사변적 신론에서는 중세 후기의 유명론과 주의주의 혁명의 맥락에서 이러한 상황이 발생했다. 인간 이성에 비추어 볼 때 완전히 비합리적으로 보일 수밖에 없는 불가해한 신의 주권적 의지에 의한 결정은 신과 인간의 관계뿐만 아니라 전체로서의 창조와도 관계된다.(Pieper 127 쪽 이하 참조) 자연은 신의 이성 구조에 얽매이지 않은 채 신이 원하는 대로 정리되어 있기 때문에 인간은 사변적 이성만으로는 자연이 어떠한지 알아내기를 기대할 수 없다. "신의 절대적 자유가 그렇게나 넓게 다다르는 한 철학적 사변의 가능성은 없다."(Pieper 127쪽) 세상이 필연적으로 지금과 같아야 할 합리적인 이유가 더 이상 존재하지 않기 때문이다. 이 우발적 본성은 더 이상 신적 이성의 실제 반영으로 간주될 수 없다. 그것은 더 이상 신의 지혜가 아니라 전능한 의지만을 가리키기 때문이다. 그 의지에 따르면 모든 것은 실제 그대로의 것과 다를 수 있다.

이 변화된 자연의 이미지는 사상사적 견지에서 볼 때 신학적 사변의 결과이기도 하다. 이는 필연적으로 한때 형이상학적 합리주의, 플라톤-아리스토텔레스적 형이상학, 스토아주의 그리고 전성기 스콜라철학의 토대였던 객관적 이성 관념의 위기로 이어졌다. 신의 창조에 관한 결정이 불가해하다면 우리의 사변 이성으로 이해할 수 있는 객관적이고 이성적인 창조 질서의 사상은 더 이상 있을 수 없다. 그러나 바로 그렇게 해서 자연은 신학적으로 중립화된다. 이는 동시에 자연을 인간의 욕구 충족을 위해 활용할 수 있는 수단으로 해방한다. 그것은 더 이상 창조물인 자연의 종교적 존엄성을 침해하는 것으로 보일 이유가 없다. 게다가 이 근대적인 "과학적 사고의 무신론"(Dilthey, Pieper 123쪽에서 인용)은 인간의 최고 행복이 관조적 삶에 있다는 논제에 여지를 주지 않는다. 지복직관에서 영원한 지복을 선취하기 때문이다. 사변으로서의 이론이라는 아리스토텔레스식 이해는 여기서 대상을 상실한다. 이제 인간에게는 신에 대한 믿음을 잃은 세계에서 자신의 길을 찾고 그 안에서 적극적으로 자신을 주장하는 것이 중요하다. "숨은 신의 절대주의는 세계를 신의 관점에서 바라보고 그 안에서 신의 행복을 나눈다는 이교도적 이상으로부터 이론적 자세를 해방한다. 이 자유의 대가로 이론은 더 이상 행복한 관찰자의 휴식처가 아니라 인간적 노고의 작업장과 관련되는 것이다."(Blumenberg 1974, 236쪽)

그러나 자연은 목적론적으로도 중립화된다. 신이 어떤 목적을 창조와 결합시켰는지 통찰할 수 없기 때문이다. 세계에 목적이 있다면 그것은 언제나 우리 자신의 목적일 뿐이며, 그 무엇도 우리가 그것을 추구하는 것을 더 이상 반대하지 않는다. 이렇게 해서 아리스토텔레스, 스토아학파, 전성기 스콜라철학에서 자연의 이미지를 규정했던 자연에 관한 목적론적 설명의 전통이 끝을 맺는다. 근세 자연과학에는 이를 위한 여지가 더 이상 없다. 이제 객관적 목적을 가지고 작업하는 것은 비학문적이라 간주된다. 물론 세계에는 목적이 있지만 그것은 오로지 우리 자신의 목적이다. 자연에 대한 신의 주권적 자유는 동시에 자연에서 우리 자신의 자유를 의미하기 때문이다.(Blumenberg 1974, 174쪽 참조) 이제 우리는 있는 그대로의 세계가 허락하는 한, 우리가 그 세계의 법칙을 존중하며 이용하는 한 그 안에서 마음껏 행동할 수 있다. 그와 반대로 자연적인 것을 객관적 목적과 합목적성의 관계로 이해할 수 있다고 믿는 한 자연 안에 인간의 주관적 목적 설정을 위한 공간은 없다. 이렇게 해서 맨 처음 베이컨 프로젝트를 가능하게 해주었던 형이상학사적, 신학사적 조건들이 가시화된다. 자연에 대한 도구적 접근이 의미를 갖게 해준 사상사적 상황에서 세계는 이성의 객관적 구조 없이 우발적 사실성으로 나타나고, 이를 통해 자연 지배를 위한 단순한 물질로 절하될 수 있었다. 학문에 대한 근대적 이해에 비추어 볼 때 사변적 이성은 '기술적' 견지에서뿐만 아니라 인지적 견지에서도 아포리아적으로 보여야 한다. 그 이해의 뿌리가 여기에 있다. 그리고 그 뿌리가 중세의 어디까지 거슬러 올라가는지가 드러난다.

자연을 지배하기 위해 자연에 복종해야 한다는 베이컨의 생각은 물론 신학적 동기와 양립할 수 없지만, 이것이 사변에 접근할 수도 있는 객관적 이성 관념의 회복을 의미하지는 않는다. 오히려 이제 성서 창조 신화의 "땅을 정복하라"(창세기 1장 28절)라는 요구가 전면에 등장하는데, 이 요구는 기독교적 플라톤주의의 사변적 야망과는 현실적으로 결코 양립할 수 없다. 자연에 대한 이론적 접근과 '기술적' 접근은 항상 서로를 배제하는 듯 보였다. 자연과학에 대한 유대교의 전통적 무관심은 항상 모든 형태의 자연숭배에 대한 체계적 불신을 따른 것이었고, 여기서 자연숭배는 언제나 우상숭배라는 의심을 받았다. 그런데 베이컨 프로젝트에서 자연이 신학적으로 중립화된 후에는 더 이상 그럴 이유가 없다. 덧붙이자면 자연에는 물론 질서, 즉 신이 원하여 주권적으로 세운 질서가 있다. 하지만 사변 이성은 자연이 어떤 질서를 가지고 있는지 더 이상 우리에게 말해주지 않는다. 이를 알아내기 위해 우리는 주관적 이성을 다르게 사용해야 한다. 지금 탐문해야 하는 것은 『신기관』, 새로운 학문이다. 새로운 학문에서 우리는 사변을 버리고 관찰과 실험을 통해 창조주가 창조할 때 실제로 의도했던 것을 알아내려 시도한다. 근대 계몽주의의 지배적 인식론인 경험주의 역시 신학적 뿌리를 갖고 있다.(Pieper 135쪽 참조) 자연의 목적론적 중립화 이후 오직 경험적으로 확인할 수 있는 인과관계만이 모범으로 남아 있고, 우리는 이를 인간의 복지를 위해 사용할 수 있다. 베이컨은 '기술적' 의도에서 이뤄지는 이 새로운 유형의 자연 연구 자체를 숭배의 한 형태로 보아도 무방하다고 본다.(Bacon 32쪽 참조)

물론 사변 이성의 아포리아는 그 이론적, '기술적' 사용에만 관계되는 것이 아니라 보다 좁은 의미의 실천 영역에도 적용된다. 제작과 달리 행위는 사회적 맥락 안에 있는 사람들 사이에서 일어난다. 그러나 아리스토텔레스, 스토아학파, 전성기 스콜라철학에 따르면 인간은 행복이든 덕이든 영원한 지복이든 간에 객관적 목적에 내맡겨져 있다. 객관적 이성 관념과 함께 객관적 목적론의 관념도 사라진다면, 사회적 행위는 온전히 주관적 목적 설정에 봉사하는 개인적 행위들의 공동 작업일 수밖에 없다. 그 결과는 대개 독백처럼 행해지는 도구적 행위에 대한 사회적 대응으로서의 전략적 행위이다. 당연히 이 모델에서는 모든 개인이 서로를 '도구화'하려고 시도하지만, 이는 상호적으로 일어나는 일이다. 따라서 전략적 이성은 사회적 공간에서 도구적 이성으로 이해될 수 있다.

여기에서 우리는 토머스 홉스(1588~1679년)가 초래한 실천철학의 거대한 패러다임의 전환을 이해할 수 있다. 그는 사회계약론 및 통치계약론에 대한 전통적 접근 방식을 전적으로 욕구에 의해 움직이는 개인의 전략적 합리성 원칙에 종속시켰다. 홉스는 최초의 근대적 계약 이론가이며, 그와 함께 근대적 실천철학의 창시자이다.(Ilting 84쪽 이하 참조) 이 실천철학은 사변 이성을 통해 인식될 수 있는 인간 실천의 객관적 목적을 포기한다는 점에서 아리스토텔레스 및 그의 전

116

통과 구별된다. 사회적 행위를 전략적 행위로만 이해하는 데서 그치지 않고 데이비드 흄(1711~1776년)이나 칸트처럼 그것의 특수한 도덕적 자질을 찾으려 한다면 어떤 비판을 받더라도 홉스의 뒤에 숨을 수 없다. 그렇지 않으면 그것은 행위의 객관적 이성에 대한 무력한 호소로 남게 될 것이다. 사변 이성의 인지적 아포리아로 인해 이 객관적 이성을 인식할 수 없기 때문이다.

중세 후기와 근세 초기에 객관적 이성 관념은 이론적, '기술적', 종교적, 실천적 결과와 함께 위기를 맞았다. 이 위기는 주관적 의미의 이성, 즉 도구적, 세속적, 전략적 이성에 관해서만 말하기를 허락했다. 그렇다면 문제는 근세의 이론 및 실천철학이 신뢰하고 싶어 한 주관적 이성의 인지적 힘이 실제로 어디까지 미치는가 하는 것이며, 이는 회의론을 불러일으키기에 충분한 이유가 된다. 물론 사변 이성으로 하여금 대상을 상실케 한 세계의 비합리성이라는 논제는 중세 후기의 객관적 이성의 위기보다 훨씬 오래되었으며, 고대에 이미 행해진 철학적 사변에 대한 공격의 중요한 요인이었다. 프로타고라스나 고르기아스 그리고 피론주의Pyrrhonischen 및 아카데미아 회의주의의 두 학파는 무엇보다도 객관적 세계의 합리적 인식 가능성에 대해 반대하는 논변을 전개했고, 그로 인해 사변의 요구는 기각되어야 했다. 다른 한편 에피쿠로스(기원전 341~270년경)는 우주의 객관적 비합리성을 가르쳤는데, 그에 따르면, 그 안에는 사건에 대한 일관된 결정이 없기에 우주는 완전히 우발적이다. 이는 무엇보다도 스토아주의에 반대되는 것이었다. 아리스토텔레스의 전통이 거의 완전히 사라진 후, 그리고 플라톤 사후 불과 몇 세대 후에 플라톤의 아카데미아가 '회의주의적'이 된 후 로마제국의 지도적 대중 철학인 스토아주의는 객관적 이성 관념과 사변 이성 구상을 고집스럽게 고수해 왔다. 교부들에 의한, 특히 아우구스티누스의 위대한 저작에 의한 스토아주의와 신플라톤주의의 사상적 동기 수용은 수 세기 동안 회의론과 형이상학적 비합리주의의 저항에 맞서 『기독교의 독트린』에 면역력을 부여한 것처럼 보였다. 근세의 문턱에서 분명해진 사변 이성의 아포리아는 회의주의가 새로 거대하게 출현할 수 있도록 해주었다.

회의(그리스어 sképtomai - 나는 검사하듯 주위를 둘러보며 의심한다)는 검증되지 않은 것은 그 무엇도 받아들이지 않고, 모든 성급한 판단을 피하려 하며, 오류보다 불확실성을 우선시하는 태도를 말한다. 반면 회의주의는 회의로부터 하나의 원칙을 만들어 낸다. 그것은 앞에서도 언급한 "이그노라무스 에트 이그노라비무스Ignoramus et ignorabimus", 즉 "우리는 모르며 앞으로도 모를 것이다"라는 원칙이다.(이하 내용은 Hossenfelder 9쪽 이하 참조) 피론적 회의주의 학파에서 회의는 삶의 기술의 수단으로 여겨졌다. 이 학파는 다음과 같이 가르쳤다. 우리가 고르기아스처럼 존재는 완전히 인식 불가능하기에 언제나 의견만 가질 수 있을 뿐이며, 마찬가지로 그 반대 의견들도 정당하게 대변할 수 있다고 통찰했다면 우리는 최종적인 판단을 억지하기 위해 그것을 "교리로 삼을 것"이다. 그리고 이러한 시대는 우리에게 마음의 평정과 진정한 행복을 가져다줄 것이다. 이와 관련하여 존재를 인식할 수 없다는 것 자체가 일종의 교리이며, 따라서 회의론자는 스스로 모순적이라는 반론은 지당하다. 이 반론을 피론주의자들은 다음과 같이 논박했다. 그것은 단지 실용적으로만 의미를 가질 뿐이다. 말하자면 언젠가 무언가를 인식할 수도 있다는 점을 배제하려는 것이 결코 아니다. 오히려 중요한 것은 모든 원칙적 확정을 피하기 위해 모든 주장에 대해 반론으로 대응하는 원리일 뿐이고, 그 외에는 건전한 상식을 따른다.

피론적 회의주의의 근세적 '상속자'는 미셸 드 몽테뉴 (1533~1592년)다. 그의 『수상록Essais』은 우발적이며 합리적으로 들여다볼 수 없는 세계에서 인간의 삶을 어떻게 형성해야 하는가에 관한 질문으로 항상 향한다. 반면 학문과 계몽을 지향하는 근세 철학에는 현명하게 판단을 유보하고 독단적인 갈등을 회피하기 위한 피론적 기술은 아무런 쓸모도 없었다. 그들의 문제는 전적으로 주관적인 이성의 조건 하에서 이론과 실천에서 납득할 만한 확신에 도달하는 것이 어떻게 가능한가 하는 것이었다. 신뢰받지 못하는 사변 이성의 길로 단순히 다시 돌아가지 않으려면 회의주의 자체가 결실을 맺을 수 있게 노력해야 했다. 이때 아카데미아 회의주의에 대한 기억을 불러일으켰다. 이 회의주의는 윤리적이기보다 인식 비판적인 방향으로 나아갔다. 그것은 존재의 원칙적 인식 가능성이 아니라 엄밀한 증명의 인식 가능성만을 부정했고, 엄격한 의미의 진리 대신 개연성에 만족할 준비가 되어 있었다. 근세 아카데미아 회의주의를 대표하는 가장 중요한 사람은 피론적 회의주의를 명시적으로 거부했던 데이비드 흄이다. 그는 존 로크(1632~1704년) 이후 전체 경험주의 전통을 대변한다. 이 전통은 항상 독특한 관찰과 실험에 기초하는 우리의 자연 인식이 인과적 경과의 엄격한 필연성에 대한 통찰을 언제 포괄할 수 있을지 줄곧 의심했다. 그와 반대로 모든 성급한 일반화를 배제한 후 알 수 있는 것이 활용 가능한 최고의 지식이라는 것이다.

비판 이성

사변 이성의 아포리아는 궁극적으로 근세 철학과 학문에서 지도적 이성 개념이라고 부를 만한 것을 낳았다. 그것은 객관적 이성의 형이상학적 합리주의의 위기를 전제로 하며, 사변 이성의 실천적, '기술적', 종교적, 인지적 아포리아로부터 피할 수 없는 결과를 도출한다. 근세적 이성의 형이상학사적, 신학사적 배경은, 때때로 주장되는 것처럼 단순히 그 이성이 형이상학에 단순히 반대하여 구성된 것이 아니라 그 자신의 영역 내에서 형이상학적 논변과 함께 구성되었음을 보여준다. 이러한 출현은 이 책의 논제, 즉 이성의 역사는 언제나 그 내재적 비판의 역사였으며, 본질적으로 비판에 의해 추동되어 왔다는 것을 다시 한 번 입증한다. 근세적 이성은 본질적으로 주관적이다. 그리고 세속적이고 도구적이며 전략적이고 회의적이다. 이 네 가지 형상 속에서 근세적 이성은 객관적 이성을 형이상학적으로 재수용하지 않으면서 이성적 세계 지향의 토대를 준비해야 했다.

단순히 회의주의에 자신을 맡기지 않고 과학과 실천에서 이성의 관념을 고수하려 했을 때, 사변 이성의 내적 비합리성에 관한 경험은 주관적 이성에 기초한 학문적 철학의 새로운 정립을 필요로 했다. 중요한 것은 회의주의를 낳았던 전통 철학의 요소, 즉 사변 이성의 인지적 아포리아로 인해 유지될 수 없는 것으로 판명된 전통적 형이상학과 스콜라적 전통의 요소들을 제거하는 것이었다. 이는 대안적 논제를 제시하는 것으로는 달성될 수 없었다. 오히려 이제 3세기 초 그리스의 철학자 섹스투스 엠피리쿠스를 통해 전수된 고대 회의론자들의 풍부한 도구를 사용하여 우리 지식의 어떤 요소가 그러한 검증을 견뎌 내고, 어떤 요소가 견뎌 내지 못하는지를 알아내야 했다. 후에 칸트는 18세기의 표현으로 이 절차를 비판의 절차, 즉 타당성을 유지할 수 있는 주장과 유지할 수 없는 주장을 구별(그리스어 krineîn - 갈라놓다, 구별하다, 판정하다, 판단하다)하는 절차라고 설명했다. 근세 철학은 처음부터 끝까지 회의적인 태도를 취해야 했다. 즉 의심을 가지고 체계적으로 시작하고, 가능하다면 모든 검증되지 않은 가정을 삼가야 했다. 그렇게 해서 회의적 방법이 그 특징이 되었지만, 이는 고대의 회의주의와 달리 비판적 의도에서 의심을 극복하기 위한 것이었고, 회의주의가 최종 결정을 내려서는 안 되었다. 프랜시스 베이컨은 더 이상 단순히 회의적인 이성이 아니라 비판 이성이라는 의미에서 '우상' 개념을 사용해 확실한 지식 획득을 방해하는 일상의 편견을 타파하고자 했다.(Bacon 51쪽 이하 참조) 그리고 데카르트는 합리적으로 의심할 수 있는 모든 것을 거짓으로 간주하기로 결심했다.(*Med* I, § 15 참조) 공통의 목표는 독단으로부터 자유로운 마음의 평정 대신 학문의 새로운 토대를 마련하는 것이었다. 게다가 여기서는 고대의 회의주의와 달리 현실의 객관적 인식 가능성과 관계된 존재론적 확신이 회의적 방법을 규정하지 않았다. 대신 지식의 의심할 바 없는 확실성이라는 주관적 목표 설정이 중요했다. 그렇다면 이것은 필연적으로 회의주의 자체에 반대되는 것이다. 회의주의 역시 '존재가 확실한 지식을 허용하지 않도록 구성되어 있다는 것을 어떻게 알 수 있는가?'라는 질문을 받아야 하기 때문이다.

데카르트

—

따라서 회의주의의 무기로 회의주의를 이기는 것이 그들의 이념이 되었다. 그런 까닭에 데카르트는 고대 회의론자들의 오래된 "요설"(*Med* 118)에 만족하지 않았다. 그는 환상과 꿈의 논증에 대한 전통적인 의심의 이유들에 데우스 말리그누스deus malignus, 즉 기만적인 신을 최악의 사례로 추가함으로써 관습적인 사변의 아포리아를 급진화된 형태로 연출했다.(*Med* I, §§ 10~13쪽 이하 참조) 이 형이상학적 악당은 형이상학의 새로운 구성에서 플라톤이 말한 "정신의 눈", 즉 이른바 직접적으로 확실한 이성의 진리에 대한 직관을 중립화시키는 기능을 가진다. 사변 이성이 확실히 자신의 것이라고 여기는 모든 것이 악의적인 속임수에 의한 것일 수 있기 때문이다. 옛 형이상학이 항상 논증해 왔던 논리적 진리, 수학적 통찰 그리고 경험과 무관한 개념적 관계 같은 것 말이다. 방법적 회의를 실행하고서 궁극적으로 남는 것은 의심하고 있는 나 자체, 그리고 나는 의심하는 한 존재한다는 의심할 수 없는 확신이다. 여기에는 나의 '관념들'(ideae), 즉 객관적 요구들을 결합시키지 않는 한 의심할 바 없이 나에게 속하는 표상들도 포함된다. 이성의 주관화는 이렇게 데카르트에 의해 최초로 일관되게 수행되었다. 왜냐하면 이성이 자기 확신에 있어서 더 이상 객관적인 어떤 것도 필요로 하지 않기 때문이다. 아우구스티누스는 이미 "나는 의심한다. 고로 존재한다^{Dubito, ergo sum}"라는 말에서 회의의 원칙적 한계를 보여줌으로써 스스로 회의주의에서 벗어났다. 그러나 그는 이 주관적 영역에서 플라톤적 상기론을 변주함으로써 창조신의 흔적을 발견하고 신학으로 나아갈 수 있다고 믿었다. 데카르트에게 있어서 이 길은 기만적인 신에 의해 막혀 있다. 이는 "나는 생각한다. 고로 존재한다^{ego cogito, ergo sum}"의 특별한 경우인 "나는 의심한다"가 더 이상 어떤 객관성에 직접 근거하여 투명해질 수 없음을 의미한다.

하지만 회의적 절차에서는 객관적 지식이 중요하다. 따라서 근세 철학은 단순한 주관성에 기초하여 객관성을 재구성하고 회의주의에 맞서 그것을 방어해야 하는 역설적 과제에 직면해 있다. 주의할 것은 방법적 회의를 이해하는 방식이다. 즉, 실용주의자들과 마찬가지로 연구를 격려하여 행동의 안정화를 촉구하게 하는 행동의 불안정함이 아니라 우리가 일반적으로 지식과 연관시키는 진리 요청을 보류하는 것으로 이해한다는 것이다.

이때 '진리'는 사물과 지성의 일치^{adaequatio rei et intellectus}(사상

事象과 의식의 일치함)로 간주되지만 그런데도 일치에 대한 요청이 중단된 후에 지성은 단순한 의식으로 남게 된다. 이렇게 해서 데카르트가 객관적 의도에서 행한 주관적 의심은 근세적 "의식 철학"의 시작을 알린다. 의식 철학은 "심성적 패러다임"(Schnädelbach 1985/2003, 58쪽 이하)으로서 적어도 에드문트 후설(1859~1938년)의 현상학 프로그램이 등장할 때까지 의심할 바 없이 유효했다.

하지만 이 구상을 오해해서는 안 된다. 우리 지식의 기원에 관한 서술로서 그것은 완전히 반직관적이다. 그리고 우리는 이미 우리의 의식으로 항상 세계에 존재하며, 나중에야 비로소 세계와 관계 맺어야 하는 것은 아니라는 마르틴 하이데거의 주장과 함께 이에 대해 언제나 반박할 수 있다.(SuZ 57쪽 참조) 사실 그 구상에서 중요한 것은 순수한 지성이 있을 법하지 않은 극단적 지점에서 사물과 지성을 새롭게 결합하는 것이다. 불확실해 보이는 모든 것을 배제하기 위해서다. 나아가 데카르트의 이성의 급진적 주관화가 (막스 호르크하이머가 주장하는 것처럼) 자동적으로 이성의 도구화를 의미하는 것은 아니라는 점도 중요하다. 우선적으로 개인 이성의 무조건적인 자기 확신이 중요하다. 그것은 무엇보다 지식에 있어서의 자율성 및 사고와 행위에 있어서의 "이성적 독립성"(Mittelstraß 13쪽)을 의미한다. 방법적이고 회의적인 과학 개혁 프로그램을 통해 데카르트는 또한 "계몽의 아버지"가 되었다. 여기서 데카르트적 의식 철학과 신흥 시민층이 열렬히 지지한 근세 계몽주의 운동 사이의 긴밀한 연관성이 분명해진다.

근세가 시작될 무렵, 사변 이성의 합리성의 위기로 많은 사람들이 후기 스콜라철학의 플라톤-아리스토텔레스적 형이상학을 따르지 않게 되었다. 데카르트 또한 후기 스콜라 학파의 엘리트 학교에서 교육을 받았다. 그럼에도 불구하고 그는 형이상학이라는 개념과 단순히 작별하기를 원치 않았고, 오히려 회의적 방법으로 형이상학 일반을 새롭게 정립하고자 고심했다. 이는 플라톤의 첫 번째 그러한 시도가 명백하게 실패한 이후 사변 이성의 새로운 회복을 통해 수행되었다.

그렇다면 왜 단순한 과학이 아니라 여전히 형이상학일까? 그것은 데카르트가 "제1철학"으로서의 형이상학이라는 아리스토텔레스적 관념을 고수했기 때문이다. 과학은 하나의 체계로서만 생각할 수 있다고 전제한다면 "제1"철학이 있어야 했다. 데카르트에게 과학적 체계의 모델은 논증이 이루어지지만 만족스럽게 정립되지 않는 스콜라철학의 대전 Summa적 모델이 될 수 없었다. 그럴 가능성이 있는 것은 데카르트 스스로 자신을 납득시킬 만한 증거를 제시해 줄 유일한 것이라고 말한 유클리드 기하학의 구조뿐이었다.(Abh 6과 15) 이는 의심할 수 없는 전제(정의, 요청, 공리)의 존재를 통해서만 가능하다. 이 전제는 마찬가지로 의심할 수 없는 명제를 도출하고, 각 구성의 모든 단계를 방법적으로 통제할 수 있게 해 준다. 나중에 데카르트는 자기 철학의 토대를 기하학적 방식으로 제시하려고 시도했고(Med 145쪽 이하), 스피노자는 그의 주요 저서인 『에티카Ethica』에서 이 방법적 원리를 따랐다. 이 체계의 이상은 "독일 관념론"이 나오기까지 체계적 철학에서 여전히 구속력을 가졌다. 라이프니츠(1646~1716년), 칸트, 헤겔이 철학적 표현을 위한 기하학적 방법의 적합성에 이의를 제기했음에도 말이다. 학문적 철학은 체계로서만 가능하며 그 체계의 토대는 "제1철학"인 형이상학에 의해 준비되어야 한다는 것이 그들의 공통된 확신이었다.

데카르트가 쇄신된 형이상학에 기초한 과학 개혁 프로젝트에서 기하학에 핵심적인 역할을 부여했다는 사실은 플라톤의 사변 이성의 회복을 연상시킨다. 하지만 데카르트는 논박하기 어려운 기하학적 인식의 존재에 결코 만족할 뜻이 없었다. 기만적인 신이 그 인식을 우리에게 심어놓았을 수도 있기 때문이다. 길은 기만적인 신의 힘이 닿지 않는 영역을 통해서만 이어질 수 있었다. 그것은 의심할 바 없이 존재하는 순수한 의식, 그리고 그 의식의 표상들의 영역이다. 이 표상들을 외적 실재의 재현으로 간주하지 않는 한 마찬가지로 의심의 여지가 없다. 이러한 순수하게 주관적인 표상을 데카르트와 그의 후예들은 "관념(ideae, ideas, idées)"이라고 지칭했다. 이는 관념을 정신적으로만 파악할 수 있는 객관적 대상으로 여겼던 플라톤과 분명히 구별된다. 그 이후로 "관념론"이라는 다의적 표현은 철학에서 정확한 의미를 갖게 되었는데, 세계에 대한 우리의 주관적 표상(관념)에 따라 우리 지식의 유일한 기초가 구성된다는 입장인 것이다. 그렇다면 우리 인식의 객관성은 계속해서 문제가 된다.

데카르트는 이 문제를 의식의 외부에 존재하는 무언가를 재현한다고 볼 수 있는 표상에 기초하여 해결할 수 있다고 믿었다. 그에게 이것은 신의 관념이었다. 이 관념은 경험에서 유래하지 않으며, 우리의 유한한 의식으로는 만들어 낼 수 없다. 따라서 그에게 이 관념은 의식으로부터 독립되고, 이 관념이 작용한 표상만큼이나 완전하게 실제로 존재하는 원인을 가리키는 것이 확실해 보였다. 이는 "이념적"인 신의 존재 증명으로 불린다. 몇 가지 논증을 더한 데카르트는 여기에 캔터베리 대주교를 지낸 안셀무스(1033~1109년)의 유명한 존재론적 논증을 추가했다. 신에게 존재가 결여되어 있다면 신은 완전한 존재가 아닐 것이다. 존재하는 완전한 존재로서의 신은 기만적인 신이 될 수 없다는 점도 동시에 증명했다고 데카르트는 믿었다. 때문에 우리가 기하학에서와 같은 명석함과 판명함으로 학문에서 통찰할 수 있는 모든 것은 우리가 통찰하는 정도만큼 객관적이어야 한다고 그는 추론했다. 이로써 방법적 회의를 통해 완전히 고립된 인텔렉투스에서 사물, 즉 외부 세계로 돌아가는 길이 열리고 관념론이 반박된 듯 보였다.

그리하여 데카르트는 주관적 표상의 재수용을 통해 형이상학을 '제1철학'으로 회복시켰다. 이 주관적 표상은 경험적으로 획득될 수 없고 우리가 만들어 낼 수도 없다. 따라서 이러한 관념들은 "본유적"(innatae)일 수밖에 없다. 신의 관념 외에 자기 자신과 타자에 관한 의식의 관념도 본유관념^{本有}觀念에 속한다. 데카르트에 따르면 가장 회의적인 의식도 자체 내에서 본유관념을 발견할 수 있다. 그리하여 본유관념은 전적으로 이성과 연관되기 때문에 가장 합리주의적인 형이상학이라 불리는 새로운 형태의 형이상학을 가능하게 한다. 이는 이성(라티오) 자체가 특정한 통찰과 지식의 원천으로 여겨진다는 것을 뜻한다. G. W. 라이프니츠는 여기서 "이성의 진리"(*Mon* § 33)에 관해 말하는데, 그것은 순전히 합리적으로 유래하였기에 경험에 의해 입증되거나 반박될 수 없다. 이는 또한 이성에 대한 인식론적, 직관적 이해와 연결되어 있기에 사변 이성 구상이 근원적 단어 의미로 돌아오게 됨을 의미한다. 이미 플라톤이 그랬듯이 사변 이성은 다시 한 번 가능한 경험의 한계를 훌쩍 뛰어넘는 인식을 얻는 능력으로 간주된다. 단순한 사유, 순수하게 정신적인 직관 또는 칸트가 지칭한 것처럼 "지적직관intellektueller Anschauung"의 양상으로 말이다. 이런 의미에서 형이상학의 정의도 바뀐다. 데카르트에 의하면 학문 체계의 기초로서의 형이상학은 더 이상 존재의 원리에 관한 것이 아니라 존재의 인식에 관한 학설이다.(*Princ* XLI) 이러한 인식의 원칙은 사유하는 자의 의심할 수 없는 실존, 그의 본유관념, 그리고 신의 존재 증명이다. 이로써 데카르트에게서 과학의 객관성이 보장된다.

칸트

—

합리주의 형이상학에서 회복된 사변은 "순수"이성이 그 자체 안에서 발견한다고 말하는 본유관념 이론에 기초하고 있었다. 이것은 칸트가 비판하는 사변 이성의 형상이지만, 목표하는 방향은 데카르트와 같다. 형이상학의 폐지가 아니라 형이상학을 과학으로 새롭게 정립하고자 하는 것이다. 칸트의 비판 이성 구상은 데카르트적인 주관적 이성 자체의 합리성에 관한 내적 위기와 관련된 답변으로 가장 잘 이해된다. 그 고유한 영역에서 데카르트의 출발점이 회복된 것처럼 보였기 때문이다.『순수이성 비판Kritik der reinen Vernunft』의 마지막 부분에서 칸트는 검증되지 않은 주장의 독단주의와 인지적 절망의 회의주의 사이에 생긴 딜레마에서 벗어날 수 있는 길은 "아직 홀로 열려 있는" "비판의 길"뿐이라고 말한다.(*KrV* B 884) 데카르트도 이미 바로 이런 상황에 처해 있었는데, 그는 스콜라 학파 전통의 형상을 한 독단주의와 고대 형태의 회의주의를 염두에 두고 있었다. 하지만 두 대안 중 어느 것도 진지하게 받아들여야 할 학문으로서의 철학에 기회를 열어주지 않았다. 칸트는 데카르트가 주관적 이성을 두 대안으로부터 충분히 끄집어내지 않았음을 인식했다. 그리하여 주관적 이성은 그 고유 영역에서 재생산될 수 없었다. 이제 데카르트적, 즉 의식 철학적 독단주의와 회의주의로서, 그리고 칸트에 따르면 바로 이 때문에 비판적 의도를 지닌 새로운 회의론적 노력이 필요했다.

칸트는 합리주의 형이상학의 전통을 계승했지만, 동시에 반대파인 경험주의의 논증에 깊은 인상을 받았다. 경험주의는 창시자 존 로크처럼 본유관념의 존재를 반박한다. 경험주의가 옳다면 "순수"이성은 더 이상 독자적 인식의 매체로 여겨질 수 없을 것이며, 감각적 지각이 우리에게 제공해준 관념들과 함께 형식적으로 작동하는 데 만족해야 할 것이다. 그렇게 되면 사변 이성의 데카르트적 해석은 토대를 잃을 것이며, 이런 방식으로 철학을 학문으로 새롭게 정립하려는 기획도 같은 상황에 처하게 될 것이다. 본유관념을 중심으로 하여 합리주의와 경험주의 사이에서 벌어진 논쟁은 동시대인들을 강렬하게 사로잡았다. 보편적, 필연적으로 정립할 수 있는 지식이라는 의미에서 학문의 가능성이 문제가 되었기 때문이다. 경험이 실제로 우리 인식의 유일한 원천이라면, 우리가 지금까지 관찰한 것이 다음 순간 완전히 달라지지 않을 것이라고 결코 확신할 수 없다. 우리의 모든 지식은 언제나 일정 정도의 개연성만 보여줄 뿐이다. 이 점에서 존 로크는 우리의 자연 연구가 언젠가 실제 과학의 지위를 얻을 수 있다는 견해를 반박했다.(Locke IV, XII, § 10 참조) 그러나 이는 아이작 뉴턴(1643~1727년)이 1687년 『자연철학의 수학적 원리Principia mathematica philosophiae naturalis』에서 공표했고 오늘날까지 논란의 여지가 없는 과학 사례로 간주되는 물리학 이론과 모순되었다. 칸트는 그 시대의 거의 모든 철학자가 그랬던 것처럼 뉴턴에 매료되었지만, 동시에 그에게는 뉴턴의 과학적 업적이 관찰과 귀납적 일반화에만 기초할 수 없다는 것도 분명했다. 그 때문에 칸트는 비판기 이전 시기에 합리주의적 시각을 경험주의적 시각과 통합하고, 지식 이론에서 사고의 몫과 감각의 몫을 동등하게 다루려고 노력했다.

칸트는 이 기획이 두 가지 측면에서 전망이 없다는 것을 인식해야 했는데, 합리주의와 경험주의 둘 다 아포리아적 입장임이 증명되었기 때문이다. 칸트는 데이비드 흄이 자신을 "독단의 잠"(*Prol* A 13쪽)에서 깨웠다고 고백했다. 그를 놀라게 한 경험은 인과 원칙에 관한 흄의 회의론과 관계된다. 흄은 '아침에 해가 뜬다'처럼 아무리 자주 들어맞는 진술일지라도 '해가 필연적으로 언제나 떠오른다'는 결론을 끌어낼 가능성은 없다는 점을 보여주었다. 사건들의 선후 순서(post hoc)만으로는 첫 번째 사건이 원인이 되고, 그 때문에 (propter hoc) 두 번째 사건이 작용으로서 나타난다고 볼 수 없다. 첫 번째 사건 때문에 두 번째 사건을 기대하는 심리적 강박은 객관적 필연성과 아무 관계가 없다. 하지만 뉴턴 물리학을 자연에 대한 단순히 주관적인 표상의 이론으로 변형시키고 싶지 않다면 인과 원칙의 객관성을 고수해야 한다. 따라서 가장 진보된 자연과학의 논란의 여지없는 객관성에 대한 주장과 그것의 경험주의적 해석 사이의 모순은 칸트를 불안하게 하고, 흄의 회의주의 자체가 아포리아적이라고 확신하게 만들었다.

칸트는 합리주의 형이상학의 전통이 확실하다고 믿었으며, 그 수단들로 새로운 회의주의에 맞설 수 있을 것이라고 생각했다. 칸트가 "독단의 잠"에서 깨어났다는 것은 그가 믿었던 확실함이 기만적이라는 것을 깨달았다는 의미였다. 여기에 데카르트가 본유관념에 기초하여 회복시켰던 사변 이성 영역의 근본적이고 불가피한 비합리성의 경험이라는 나쁜 꿈이 선행되었다. 칸트는 이 매개물에서 이성이 필연적으로 이율배반에 얽히게 된다는 점을 인식했다. 왜냐하면 여기서 세계에 관한 형이상학적 논제가 제시되어 잘 정립될 수 있지만 동시에 그에 모순되는 반대 논제 역시 제대로 정립될 수 있기 때문이다.

칸트는 다음과 같은 네 가지 이율배반을 제시했다. 이는 세계의 유한성과 무한성의 문제, 물질의 가분성可分性과 불가분성의 문제, 자유와 자연적 필연성의 관계 문제, 그리고 절대적으로 필연적인 존재의 존재 또는 비존재의 문제가 그것이다. 순수이성이 있는 상태를 칸트는 "순수이성의 반정립론"이라고 불렀다. 그리고 핵심 영역에서의 모순이 "학문으로 등장할 수 있는"(*Prol.*의 제목) 형이상학 관념과 양립할 수 없다는 것이 그에게는 명백했다. 이율배반을 품고 있는 분과는 사실 학문적일 수 없다. 따라서 칸트를 형이상학의 새롭고 급진적인 개혁이라는 착상으로 인도한 것은 형이상학의 황폐한 상태와 소위 이 "학문의 여왕"(*KrV* A VIII 참조)에 대한 일반적 경멸만이 아니었다. 그는 무엇보다도 합리주의 전통의 길을 계속 걷는 것이 무의미하다는 사실을 깨닫고 있었다. 순수이성의 반정립론을 통해 사변 이성이 아포리아적이라는 점이 다시 한 번 입증되었기 때문이다.

칸트에게 합리주의는 이율배반 때문에 학문적 형이상학 그 자체로는 신뢰를 잃었다. 그가 보기에 이는 형이상학이 유지할 수 없는 전제들에 기초하고 있건만 이를 깨닫지 못하고 있으며, 그리하여 독단적이라는 데서 기인한 것이었다. 경험주의는 이러한 독단주의에 비판적 입장으로 맞선다. 경험주의는 지각, 직관 같은 논박하기 어려운 의식의 사실에 의존하기 때문이다. 그러나 경험주의 역시 유지될 수 있는 입장은 아니다. 자연과학의 사실을 설명할 수 없으며, 그래서 회의론으로 이어지기 때문이다. 칸트에 의하면 독단주의와 회의주의는 둘 다 "건강한 철학의 죽음"이다. 여기서 그는 "상상적 확신"의 독단론적 "잠"을 "순수이성의 안락사(부드러운 죽음)"라고 묘사한다.(*KrV* B 434 참조) 그에 비해 "회의적 절망"(앞의 책)에서의 이성의 죽음은 덜 평화롭다. 칸트는 둘 중 하나를 선택함으로써 이 곤란한 상황에서 벗어날 수 있는 것은 아니라고 본다. 그 둘은 같은 동전의 양면일 뿐이기 때문이다. 합리주의적 독단주의는 이율배반 때문에 직접 회의주의로 이어진다. 그것은 사변 이성이 자신의 반정립론적 특성을 일단 인식하게 되면 사변 이성 자체를 절망하게 만들기 때문이다. 하지만 일관된 경험주의 자체는 반대로 그 의미에서 독단론적이다. 로크가 본유관념론을 일축한 데에 이미 결함이 있기 때문이다. 우리의 지식에는 실제로 경험에서 나올 수 없기에 선험적ª priori (라틴어 '이전의 것'으로부터, 즉 '경험에 앞서며 경험과 무관하게 타당한'. '후험적ª posteriori'과 대조됨) 인 요소들이 있다. 『순수이성 비판』에서 칸트는 공간과 시간의 표상도, 그가 범주라고 부른 일련의 지성 개념도 이에 속하며, 이를 바탕으로 학문적 지식이 엄격한 의미에서 재구성되고 정초될 수 있음을 보여준다. 적어도 수학과 수학적 자연과학의 지식은 그럴 수 있다는 것이다.

그러므로 합리주의와 경험주의 간의 논쟁 자체는 순수이성의 이율배반의 한 사례다. 이는 표상의 존재, 그와 함께 선험적 지식의 존재를 단순히 논박한다고 해서 결별할 수 있는 것이 아니다. 왜냐하면 지식은 존재하기 때문이다. 그럼에도 그 견해에 머무른다면 결과는 흄의 회의주의가 된다. 그러나 이러한 입장은 학문의 사실성에 직면해서 유지될 수 없는 것으로 판명되었다. 바로 이를 통해 사람들이 다시 합리주의의 품 안으로, 칸트의 말로는 "낡고 벌레 먹은 독단주의 안으로"(*KrV* A IX) 되밀려 가는 것처럼 보인다. 이에 대해 흄의 회의론이 다시 도움이 되는 듯 보였다. 이러한 이율배반적 상황에서 철학을 끄집어내는 것이 칸트의 프로그램이었다. 그것은 비판적 의도에서 데카르트의 회의적 방법을 재개함으로써, 하지만 새로운 조건, 즉 데카르트가 회복시킨 사변 이성 자체가 위기에 처한 상황에서 수행되어야 했다.

칸트는 독단주의와 회의주의 사이를 영원히 오가는 데서 벗어나는 유일한 방법은 전체 논쟁 자체를 의문시하는 것임을 깨달았다. "나의 의도는 형이상학을 다루는 것이 가치 있다고 여기는 모든 사람에게 당분간 그들의 작업을 중단하고 지금까지 일어난 모든 것이 일어나지 않았다고 간주하며, 무엇보다도 우선 '이와 같은 것도 형이상학으로서 어느 곳에서나 가능한가'라는 질문을 반드시 제기할 필요가 있다고 설득하는 것이다. 형이상학이 학문이라면 다른 학문처럼 일반적이고 지속적으로 박수를 받지 못하는 이유는 무엇일까? 학문이 아니라면 형이상학은 어떻게 해서 학문의 모습을 하고 끊임없이 으스대며 인간 지성이 결코 꺼지지 않을, 하지만 결코 채워지지도 않을 희망을 갖고 기대를 걸게 할 수 있을까? 이처럼 자신의 지식을 입증하고 싶든 무지를 입증하고 싶든 이 주제넘은 학문의 본성에 관해 무언가 확실한 것을 한번은 찾아내야 한다. 더 이상 그것과 같은 입장에 있을 수는 없기 때문이다."(*Prol* A 4쪽)

관건은 단순히 학문 이론이 아니라 형이상학이다. 그 전체가 형이상학적인 논쟁이며, 이는 물론 직접적으로 중재될 수 없다. 논쟁에 앞서 순수이성에 대한 체계적 비판을 선행해야만 하기 때문이다. 여기서 새로 정립해야 할 형이상학의 입문 교육이 중요할 것이기에 순수이성 비판은 순수이성을 통해, 그리고 순수이성의 고유한 매체 안에서 수행되어야 한다. 단순한 경험적 비판은 처음부터 그 목적을 그르쳤다. 이 비판 작업을 칸트는 "한계 규정"의 작업이라 지칭했는데, 여기서 중요한 것은 우리 이성의 인식 가능성이 어디까지 미치고 한계가 어디에 있는지를 정확하게 탐구하는 것이다.

칸트의 핵심 질문은 다음과 같다. 선험적 종합 판단은 어떻게 가능한가? 이는 경험의 도움을 받지 않고 인식을 확장하는 판단을 의미하며, 합리주의 형이상학은 바로 이것을 목표로 삼았다. 이에 대한 그의 답변은 '가능한 경험의 한계 내에서'였다. 칸트에 따르면 경험을 가능하게 하는 것은 우리의 주관적 경험 조건, 즉 우리의 지각과 직관의 전제 조건인 공간과 시간의 형식, 그리고 인식에 있어서 우리의 사고를 구조화하는 범주들이다. 인식이 존재하기 위해서는 양자가 만나야 한다.

가능한 경험의 한계를 칸트는 물자체와 현상 사이의 구별로 개괄하는데, 이는 오해를 살 만하며, 그로 인해 계속해서 비판받아왔다. 이때 그는 일반적으로 복수형을 사용하여 물자체와 현상에 관해 말한다. 물자체는 현상 뒤에 숨겨져 있는 형이상학적 유령이 아니고, "배후 세계"(니체)가 아니며, 인식의 노력이 튕겨져 나오는 "블록"(테오도어 W. 아도르노)도 아니다. 그것은 우리의 경험적 인식 대상 이외의 것을 나타내지 않으며, 우리가 대상을 인식할 수 있는 방식과 독립된 것으로 생각된다. 반대로 현상들은 단순한 외양과 혼동되어서는 안 된다. 그것들은 우리 인식의 실제 대상이지만, 우리의 주관적 인식 가능성이 그것들을 우리에게 전해주는 것과 마찬가지다.

물자체와 현상의 차이는 우리 인식의 한계에 대한 규정이며, 동시에 그 차이는 주관적 이성을 칸트적 의미에서 비판 이성으로 구성하는 기본 형태이다. 그리고 이 형태를 통해 비판 이성은 유한한 이성으로 파악된다. 또한 그것은 독단주의와 회의론을 배제할 수 있게 해준다. 가능한 경험의 한계 내에 놓여 있는 것은 당연히 지식으로 간주될 수 있고, 따라서 단순한 주장도 아니고 회의론자가 공격할 수 있는 것도 아니다. 이율배반 역시 같은 방식으로 해소될 수 있다. 현상으로서의 대상들이 문제가 될 때 반정립Antithese은 항상 옳기 때문이다. 그와 반대로 정립Thesen은 단순히 사상적 필연성을 표현한다. 필연성의 대상은 가능한 경험의 한계를 넘어서며, 그러한 한에서 단순히 사유된 것들 그 자체의 영역과 관련된다.

이는 인과관계의 예를 통해 명료하게 설명될 수 있다.(*KrV* B 472쪽 이하 참조) 이 논제는 일련의 원인에는 최초의 원인이 있어야 한다고 말한다. 최초의 원인은 그 작용 속에서 저절로 야기惹起되는 것이 아니라 자발적으로 야기하는 것이다. 인과 원칙 자체가 일련의 무한한 원인들로 용해되기 때문이다. 하지만 그것은 충분한 원인 없이는 세상에서 어떤 일도 일어나지 않기를 요구하는데, 바로 이것이 그 일련의 원인이 무한함에서 길을 잃는다면 충족될 수 없을 것이다. 수많은 원인들 중 어느 것도 어떤 작용에 대해 충분하지 않을 것이기 때문이다. 반대로 반정립은 최초의 야기되지 않은 원인이 인과성의 원칙을 위배하며 학문을 불가능하게 만든다고 주장한다. 게다가 칸트가 "초월적 자유"라고 부른 자발적 야기는 학문적 수단과 동일시될 수 없으며, 따라서 단순한 사유물의 영역에 속한다. 그러나 칸트에 따르면 물자체의 수준과 현상의 수준을 구별한다면 이율배반은 해결될 수 있다. 그때 정립은 경험적 영역에서 입증되거나 반박될 수 없는 단순한 사유의 필연성에만 관계되며, 반면 반정립은 모든 경험적 인식의 기본 전제를 지명한다. 이러한 의미에서 충분한 원인이 없다면 세상에서 아무 일도 일어나지 않는다는 인과 원칙 역시 이 같은 인식이 가능해지는 조건들에 속한다. 이 전제가 없다면 그것은 흄식의 회의주의에 머무를 것이며, 자연법칙 사상은 근거를 갖지 못할 것이다. 그러므로 자연법칙들의 일반적이고 필연적인 타당성은 지성이 관찰과 일반화를 통해 자연에서 그 법칙들을 끌어내려 한다는 것으로는 설명되지 않는다. 그것은 오직 다음과 같은 원리에 의해서만 설명될 수 있다. "이성은 자연으로부터 그 법칙 (선험적)을 끌어내는 것이 아니라 자연에 법칙을 지정한다." (*Prol* A 113쪽) 이것은 기묘하게, 심지어 어긋난 것처럼 들린다. 우리의 지성이, 세계가 마치 "그 자체로", 즉 우리의 인식 가능성과 무관하게 존재하는 것처럼 어떤 법칙에 따라 세계에서 사물이 일어나야 하는지를 지정할 수 있다는 의미라면 말이다. 반대로 단지 현상들, 말하자면 우리가 경험하는 것과 같이 대상들이 중요하다고 생각하면, 우리의 사유가 우리의 경험 자료를 구조화하며, 그리하여 질서 있는 경험 세계를 구성한다는 말이 그럴 듯해진다.

『순수이성 비판』의 중심 장인 "순수 지성 개념의 연역演繹"에서 칸트는 인과 원칙이 선험적 종합적 판단이지만, 이는 경험 세계에서만 객관적으로 통용된다는 점을 보여주었다고 믿었다. 나아가 칸트는 뉴턴 물리학의 의미에서 수학과 수학적 자연과학에는 선험적 종합 판단이 실제로 존재하는 반면, 합리주의 형이상학에서 모든 것의 기초가 되었던 그 같은 판단들은 유지될 수 없는 것으로 판명되었다고 확신했다. 무엇보다도 동시대인들이 특히 매달렸던 신의 존재 증명에 대한 칸트의 논박이 여기서 하나의 사례로 언급되어야 한다. 그 핵심 논증은 다음과 같다. 실존은 사유된 완전한 존재가 결핍되거나 그 존재를 풍요롭게 할 수 있는 그런 규정이 아니다. 따라서 신의 개념으로부터 신이 필연적으로 존재한다고 추론할 수 없다. 존재하는가 존재하지 않는가는 경험의 영역에서 결정되어야 할 문제다. 그리고 이는 신에게서는 불가능한 일이다. 칸트가 "신, 자유, 불멸"의 3화음으로 정리한 거대한 형이상학적 주제들은 전체적으로 더 이상 학문적 철학의 수단들로는 다룰 수 없다. 하지만 그렇다고 그것들이 기능이 없는 것은 아니다. 칸트에 따르면 그것들의 기초가 되는 것은 그가 "이념들"이라고 부르는 이성 개념들이다. 이 이성의 개념들은 우리에게 경험을 제공하는 유한자와 피제약자의 세계에 무한자와 무제약자를 덧붙여 사유하는 시도를 나타낸다. 여기서 그는 피할 수 없는 "이성의 욕구"(*KrV* B 365쪽)에 대해 말한다. 우리는 분명히 사물에 대해 생각할 때 한번은 "전체로" 가지 않을 수 없다. 형이상학은 예로부터 이러한 동인을 따랐으며 데카르트주의가 본유적이라고 간주했던 형이상학적 관념은 분명 그 덕분이다. 그리하여 칸트는 그때까지 이성의 순수 지성적 또는 직관적 능력에 속한다고 여겨왔던 표상들을 조작적 또는 추론적으로 재구성할 것을 제안한다. 또한 무제약자의 사유로서의 이성은 지성처럼 추론적이다. 그리고 지성과 이성은 분리된

144

두 가지 능력이 아니라 서로 다른 용도로 사용되는 하나이 며 동일한 능력이다.(*Prol* A 130쪽 주석 참조. 또한 *KrV* B 362쪽 이 하 참조)[3]

논리적으로 걸으며 피제약자로부터 무제약자로 넘어가 라는 사상적 강권을 따르는 것은 학문적 인식의 요청과 연 관시키지 않는 한 문제가 되지 않는다. 그 때문에 칸트는 또 한 단순히 난센스일 수 없는 형이상학적 전체성 개념에 중 요한 기능을 부여한다. 그것은 우리의 지식을 규제하는 조 직의 기능이다. 이 기능을 통해 우리의 지식은 열린 지평과 사상적 목표를 얻는다.

이리하여 칸트는 사변 이성의 명예를 제한적으로나마 구 하게 되었다. 우리의 유한성의 사실이 지정한 한계 안에 경 험적 이성이 머무른다면 사변 이성은 근대를 지배하고 있는 경험적 이성 앞에서 숨지 않아도 된다. 게다가 칸트에 따르 면, 이러한 파괴적인 결과 이후에도 형이상학은 실제로, 즉 수학 외부의 선험적 종합 판단의 작은 성분으로서 존재한 다. 그가 "자연 형이상학"이라고 부르는 수학적 자연과학의

---

3 — 직관적 이성 이해의 낭만주의 르네상스는 감정으로부터 철학하는 것이 가능하다고 주 장했다. 이에 대해 칸트는 반박문 「철학에서 요즈음 생겨난 고상한 논조」(1796) 에서 매우 논 쟁적인 방식으로 반박했다.

기본 원리로서, 그리고 "도덕 형이상학"의 근본 원칙인 정언 명령으로서 말이다. 비판적으로 제한된 사변 이성은 무엇보 다도 그 규제적 기능 속에서 더 이상 아포리아로부터 위협 받지 않는다. 칸트의 『실천이성 비판』은 행위의 원리들이 존 재가 아니라 당위와 관계되므로 이론이성으로는 해명될 수 없음을 분명히 한다. 거기에 생활 태도에 관한 '기술적', 전 략적 질문들도 경험적이다. 이 질문들에 대해 "순수"이성은 책임을 지지 않는다. 하지만 정언명령이 기초와 기준을 제 공하는 행위의 구체적이고 도덕적인 측면에 대해서는 책임 이 있다. 나아가 사변 이성은 신의 존재 증명에 대한 비판을 통해 종교적 요청으로부터 해방된다. 그러나 칸트에 따르면 학문적 철학에서 가장 중요한 것은 사변 이성이 인지적 아 포리아에서 벗어나는 출구이며, 비판 이성이 물자체와 현상 을 구별함으로써 이 출구를 열어준다. 그리고 주관적 이성 은 비판적이고 유한한 이성으로서 규제적 이념 그 이상인 형이상학적 합리주의도 포착할 수 있다. 우리는 인식과 행 위에서 마치 세계가 합리적으로 구조화된 것처럼만 행동할 수 있고, 이를 위해 우리 스스로 이성적으로 행동해야 한다. 그러므로 객관적 이성의 이념에 작별을 고한 결과는 비합리 주의가 아니라 방법적 합리주의다.

비판 이성 비판

:기능적 이성의 생성에 관하여

칸트의 의미에서 비판 이성은 사변 이성이 다양한 아포리아로 인해 행하지 않을 수 없다고 보았던 비판적 과정의 결과다. 이때 자기비판이 중요했다는 점은 '비판 이성'이라는 표현이 가리키는 이성과 비판의 내적 결속성을 다시 한 번 입증한다. 사변 이성의 실천적 아포리아는 인간사의 범위로 한정된 실천이성의 구상을 제시했다. 그것은 인간적인 것의 객관적 목적론에 작별을 고한 후 처음에는 그저 전략적 이성만을 의미할 수 있었다. 거기에 머물지 않고 단순히 전략적인 것을 넘어서는 도덕적, 실천적인 것의 직관도 제대로 판별하려는 칸트의 시도는 오늘날까지 모든 의심하는 사람들을 설득하지 못했다. 사변적 이성의 '기술적' 아포리아는 형이상학적으로 탈주술화되고, 인간의 목적을 위해 해방된 자연을 도구적으로 다루면서 인간의 행복을 추구하는 것을 그럴 듯하게 만들었다. 종교적 아포리아는 인간의 이성을 세속성으로 떠나게 했다. 마지막으로 인지적 아포리아는 세계에서 객관적 이성을 확인할 수 있다는 사변 이성의 주장을 파괴하고 주관적 이성을 유한한 이성으로 남겨 두었다. 하지만 칸트가 인식한 것처럼 그것 역시 아포리아에 의해 위협받고 있다. 독단주의와 회의주의는 유한한 이성의 자기 파괴의 양자택일적 방식에 지나지 않기 때문이다. 이 자기 파괴는 선험적으로 불투명한 세계에서 유한한 이성의 이론적, 실천적 자기 보존을 불가능하게 한다. 그러므로 "비판의 길"만이 유일한 탈출구로 판명되었으며, 유한 이성은 오직 비판 이성으로서만 기능할 수 있다.

칸트에 의해 완전히 다듬어진 비판 이성의 구상은 곧바로 비판받게 되었다. 하지만 여기서는 대개 오해에 기인한 몇 안 되는 예외를 제외하고는 합리주의적 형이상학이나 흄식의 경험주의로 돌아가라는 요구가 중요하지는 않았다. 이는 그에 대한 칸트의 반론이 너무나 큰 의미를 지녔기 때문이다. 우리의 시대에 이르기까지 『순수이성 비판』이라는 제목이 칸트를 비판하는 작가들에 의해서마저 얼마나 자주 모방되었는지를 볼 때 그 권위를 짐작할 수 있다.[4] 칸트 후에는 더 이상 누구도 무비판적으로 독단주의에 끌려가기를 원치 않았다. 이는 그 이후 체계적인 철학 저작이 적어도 인식 비판적 개요를 다룬 장^章 없이는 거의 출간되지 않았음을 의미한다. 이러한 역사적 실상만으로도 그 이후 대개 '비판주의'라 불렸던 칸트의 이성 비판적 프로그램이 시대의 문턱을 나타낸다는 점이 입증된다. 진지하게 받아들여야 할 모든 칸트 비판자들의 일관된 메시지는 언제나 다음과 같았다. "칸트의 뒤로 물러나는 것이 아니라 칸트를 넘어선다! 그는 이미 매우 옳았지만 충분히 비판적이지 않았다. 그가 비판을 중간에 멈췄기 때문이다." 따라서 칸트적 이성 비판의 철회가 아닌 비판이 새로운 목표였으며, 그리하여 여기서도 이성과 비판이 결속되어 있음을 다시 증명하려 했다.

비판주의에 대한 비판의 모든 변종의 주요 동기는 다음과 같다. 주관적이며 유한한 이성이 칸트가 "지성 사용"(*KrV* B 134쪽)의 "최고점", 그리고 비판의 "최고점"이라 칭했던 데카르트의 코기토^{cogito} 또는 "나는 생각한다^{Ich denke}"라는 의미에서 자신을 전체 철학 세계를 근본적으로 변화시킬 수 있는 아르키메데스의 기점으로 간주한다면, 그 이성은 자신

---

4 — 이러한 모방들을 한번 모아보는 것도 유용하다. 그 스펙트럼은 "역사 이성 비판"(딜타이)에서 "도구적 이성 비판"(호르크하이머), "기능주의적"(하버마스), "과학적"(휘브너), "스콜라적"(부르디외), "사회학적"(밤), "매개적"(밤), "유토피아적"(힌켈라메르트) 이성 비판을 거쳐 "냉소적"(슬로터다이크), 마지막으로 "소 이성" 비판(렌크)에까지 달한다. "…의 비판"이라는 구성, 예컨대 "정치경제학 비판"(마르크스), "최근 존재론"(하크), "순수 관용"(마르쿠제) 또는 "순수 해석학"(알베르트) 비판 등을 추가하면 그 목록은 매우 길어진다.

을 잘못 이해하고 있다는 것이다. 사실 그것은 항상 앞선 것과 포괄적인 것 속에 위치해 있다. 이로부터 그 이성의 반박할 수 없는 비판적 성취가 최초로 가능해지고 이해할 수 있게 될 것이다. 간단하게 말하면, 두 가지 가능성만 있을 뿐이다. 비판 이성을 항상 포괄하는 이러한 전체 그 자체가 합리적이거나 합리적이지 않은 것이다. 이때 두드러지는 것은 형이상학적 합리주의와 형이상학적 비합리주의 사이의 새로운 논쟁이다. 형이상학적 비합리주의는 에피쿠로스에게서 처음 나타났지만, 그 후 중세 후기 신론의 주의주의에서 서구 로고스 중심주의의 주류에 대한 급진적 반대 입장으로 나타났다. 그러나 이 갈등은 이제 칸트 이후의 상황에서, 즉 칸트의 이성 비판을 마침내 완전히 수행했다는 양측의 주장과 함께 중재된다. 여기서 두 명의 주요 경쟁자는 G. W. F. 헤겔과 아르투르 쇼펜하우어(1788~1860년)로, 형이상학의 역사에 미친 이들의 영향력은 오늘날까지 지속되고 있다. 헤겔은 칸트와 비판주의의 내재적 비판을 통해 형이상학적 합리주의의 회복에 착수한 반면, 쇼펜하우어는 의지의 형이상학으로 신학적 주의주의를 세속화된 형태로 취하여 근대의 진정한 기본 철학이라고 말할 수 있는 형이상학적 비합리주의를 정립했다.

152

헤겔과
절대 이성의 이념

스스로를 이성성 일반의 기관^{Organon}이자 기준으로 이해했던 칸트의 비판 이성 자체가 비판의 십자포화를 받게 되었을 때, 이성 개념의 역사는 실제로 새로운 국면을 맞이했다. 이는 처음에는 예상할 수 없는 일이었다. 이성 비판은 처음부터 이성의 자기비판으로 구상되었기 때문이다. '이성의 비판'이라는 표현은 주어적 소유격인 동시에 목적어적 소유격, 즉 이성 자체를 통한 이성 비판을 의미했다. 때문에 어떤 비판의 결함이 여기에 여전히 존재할지 즉각적으로 명확해지지는 않았다. 이로부터 칸트의 철학이 1790년경 처음 수용된 후 논쟁의 여지없이 가장 근대적이고 지도적인 철학으로 간주되었던 이유도 설명된다. 요한 고틀리프 피히테(1762~1814년)가 1794년에 『전체 학문론의 기초Grundlage der gesamten Wissenschaftslehre』를 발표하고 "독일 관념론"[5]이라 불린 철학 운동을 정립했을 때조차 처음에는 칸트의 권위가 깨지지 않을 듯이 보였다. 왜냐하면 피히테가 이 책에서는 물론 그의 후기 저작에서 항상 올바르게 이해된 칸트 철학 외에는 아무것도 개진하지 않는다고 주장했기 때문이다. 그것이 그럴 수 없다는 것은 늦어도 1799년, 연로한 칸트가 공개적으로 피히테의 학문론과 거리를 두었을 때 분명해졌다. 하지만 그 후에도 사람들은 칸트주의의 정신과 자구(字句)를 분리함으로써 칸트의 자구에 반대하면서도 이른바 칸트의 정신은 계속 이어갈 수 있게 했다.

당시 칸트 비판자들에게 걸림돌은 물자체와 현상의 구별이었다. 이 구별은 이후 칸트를 극복한 모든 이들에게도 걸림돌로 남았다. 칸트는 물자체를 현상의 "비감각적 원인"(KrV B 334쪽)이라고 말했다. 그리고 그럼으로써 칸트가 현상에만 적용되는 인과성 개념을 가능한 경험의 한계를 넘어

5 ― 이 표현은 항상 인용 부호로 표기하는 것이 좋다. 1848년 이후에야 분명한 이념정치적, 즉 반서구적 기능과 함께 나타났기 때문이다. 이에 관해서는 다음을 참조하라. Walter Jaeschke, *Zur Genealogie des deutschen Idealismus*, in: Andreas Arndt / Walter Jaeschke (Hg.), *Materialität und Spiritualität. Philosophie und Wissenschaft nach 1848*, Hamburg 2000, 219쪽 이하.

확장했다는 반론이 바로 제기되었다. 실체의 범주를 전제로 하는 사물 개념의 적용에 대해서도 동일한 반론이 제기된다. 후에 특히 효과적이었던 것은 물자체의 불가지성 논제에 대한 헤겔의 공격이었다. 헤겔은 물자체를 거듭해서 "유령"이라고 불렀다.(Hegel 5, 41, 60 및 121쪽 이하 참조) "물자체 (그리고 사물에는 정신, 신도 포함된다)는 대상을 표현한다. 의식과 관계된 모든 것으로부터, 모든 감정의 규정이나 모든 규정된 사고에서 추상되는 한 그러하다. 남는 게 무엇인지는 쉽게 알 수 있다. 즉 완전한 추상물, 텅 빈 것, 피안으로서만 규정되는 [⋯] 이에 따라 물자체가 무엇인지 모른다는 것을 너무나 자주 거듭해서 읽어 왔다는 데 대해 놀랄 수밖에 없다. 그리고 이를 아는 것보다 쉬운 것은 없다."(Hegel 8, 121쪽) 이 대목은 칸트가 오해할 만한 용어로 표현하려 시도했던 직관을 헤겔이 더 이상 제대로 다룰 수 없었음을 보여준다. 칸트의 관심은 이성의 유한성에 있었다. 그리고 우리의 주관적 인식 가능성과 무관하게 우리가 인식하면서 우리 앞에 가져다 놓지 못하는 대상들과 관계되어 있음을 끊임없이 상기시키는 것이 중요했다. 그것이 실제로 사물들 "그 자체"일 것이기 때문이다. 나아가 현상들의 "원인"에 관한 유사 인과적 어법은 우리가 인식할 때 우리 스스로 만들어 낸 것이 아니라 감각, 지각, 직관에서 우리에게 "주어진" 요소들에 의존하고 있다는 점을 분명히 해야 했다. 그리고 바로 이것을 칸트 자신이, 원인 개념을 적용하지 않으면서 우리 의식의 수용성에 관한 정의에서 더 명확하게 표현했다. "우리가 대상들로부터 영향 받는 방식을 통해 표상을 얻는 능력(수용성)을 감성이라고 한다."(*KrV* B 33쪽) 감성이 없으면 인식이 없으며, 이것이 바로 인지적 맥락에서 우리 이성의 유한성을 형성한다.

헤겔은 실제로 칸트가 물자체와 "대상 일반"을 전혀 구별할 수 없었다고 주장한다. 칸트가 때때로 이 두 번째 표현을 사용했음에도 불구하고 말이다. 게다가 헤겔이 추상적 개념의 사유인 "대상"을 물자체의 인식과 동일시한다면, 이는 칸트의 관점에서는 단순한 사유의 오류일 것이다. 하지만 그것은 중요한 개념성에서의 근본적 변화를 보여준다. 이 변화는 궁극적으로 피히테에게로 돌아간다. 칸트에 의하면 의식의 수용성이라는 의미에서 감성이 지성의 활동인 자발적 사유로 나아가야 한다. 그럼으로써 그들의 합일을 통해 인식이 가능해질 것이다.(*KrV* B 75쪽 이하 참조) 피히테는 이 생각에 반대하는 것이 아니라 의식의 수용성 안에 주어진 것이 "외부로부터의" 작용의 인과적 연속이라는 생각에 반대한다. 이것은 독단주의이며, 게다가 칸트 철학 전체를 규정한다고 하는 자유의 파토스^{Pathos}와 양립할 수 없다. 우리는 우리 안에서 필연성의 주관적 감정과 결합되어 있기에 경험에 귀속시키는 표상들을 발견한다는 것은 논박할 수 없다. 반대로 경험 자체에 있을 수 없는 경험의 근거를 제시하고 싶다면 두 가지 가능성만이 있을 뿐이다. 즉 경험의 전제 대상으로서의 물자체에서 출발할 가능성 또는 "지성", 즉 전제된 층위로서의 "나 자신"과 함께 시작할 가능성인데, 여기서는 그 층위의 경험이 중요하다. 피히테는 "지성"으로부터 경험을 설명하는 두 번째 방법을 "관념론"이라 부르고, 첫 번째 방법을 독단주의와 유물론이라고 부른다.(*EWL* 12쪽, 17쪽 참조) 관념론은 자유의 철학인 반면, 유물론자는 "지성"의 비독립성 이론과 함께 독단주의에 예속되어 있다는 것이다. 후에 피히테는 이렇게 덧붙인다. "그가 어떤 철학을 선택하느냐는 그가 어떤 사람이냐에 달려 있다."(*EWL* 21쪽)

그럼에도 피히테는 모든 철학자를 두 진영, 즉 자유의 벗과 자유의 경멸자로 나누는 이러한 공격을 칸트를 올바르게 이해했다는 주장과 연결했다.(*EWL* 6쪽 이하 및 16쪽 주석 참조) "현상의 알 수 없는 원인"인 물자체에 관한 언급이 앞에 나오기 때문에 칸트의 학설도 이제 마찬가지로 자유에 적대적인 독단주의의 산물로 보이지만 말이다. 여기서 "독일 관념론"의 고유한 역사가 시작되는데, 칸트는 드러난 다른 사실들에도 불구하고 이에 속하지 않는다. 이때 '관념론'은 피히테가 구상한 것과 같은 철학, 즉 "지성"이나 자아를 세계와 세계 인식의 최초이자 유일한 근거로 고양高揚하는 시도를 말한다. 칸트는 자발적이고 자주적인 "나는 생각한다"를 모든 사유의 "최고점"이라 칭했지만, 경험을 설명하면서 그것에 바로 수용적 감성을 부여했다. 이것 없이는 지식이 나올 수 없기 때문이다. 피히테 이래로 "독일 관념론"의 기본 이념은 우리가 의식할 수 있는 사유의 자발성뿐만 아니라 지성 또는 자아의 활동에서 나오는 감성의 수용성을 설명하는 것이었다. 여기에는 적어도 두 가지 장점이 있다. 한편으로 자아의 활동은 우리의 자의식에서 나오는 반면, 유물론자와 관련되는 물자체는 "단순한 허구"이며 "전혀 실재성을 갖지 못한다."(EWL 14쪽) 다른 한편으로 물자체의 독단주의가 필연적으로 파괴하는 자유의 철학은 "나 자신"에 의거하여 정립될 수 있다. 이런 방식으로 칸트의 "나는 생각한다"는 사유만이 아니라 철학 일반의 최고점인 자아로 변형되었다. 이는 청년 셸링(1775~1854년)이 1795년에 쓴 글의 제목 "철학 원리로서의 자아 또는 인간 지식에서의 무제약자에 관하여"에도 나타나 있다. 그리하여 물자체에 대한 피히테의 비판이 실패한 문법에 대한 것이 아니라 오히려 그와 함께 함축된, 우리 이성의 유한성 논제와 관련된 것이었음이 분명해진다. "독일 관념론"자들은 여기에 만족하려 하지 않았다.

그래도 칸트가 감각 능력의 수용성에 부여한 우리의 경험 요소들이 어떻게 자아의 자유로운 활동으로 환원되는지를 납득할 수 있게 만드는 것이 그들의 과제로 남았다. 피히테에 따르면 자아는 사실이 아니다. 자아는 단지 자신을 사실로 정립하고 동시에 '비아非我'를 사실로 정립하는 순수한 사행Tathandlung일 뿐이다.(GWL §§ 1~3 참조) 이런 식으로 자유로운 자아는 그 자신과 그 반대를 동시에 정립하는데, 우리는 그때 부자유와 외적 필연성이라는 감정과 결합된 우리의 표상들을 매체로 경험을 통해 그 반대를 접하게 된다. 이 자아는 더 이상 외적 조건의 영향하에 있지 않으므로 유한하지 않고 절대적(라틴어 absolutus - 떼어진, 완성된, 완전한)이다. 자아가 모든 외적 조건을 내적 조건으로 낮추었기 때문이다. 피히테는 그의 학문론을 항상 새롭게 파악하는 가운데 이러한 관념론적 기본 사상의 기초를 세우고 이해할 수 있게 하기 위해 부단히 노력했다. 그 후 셸링은 이 사상을 다음과 같은 논제로 더욱 발전시켰다. 셸링에 따르면, 자아와 비아의 학문,

절대 의식과 자연의 철학은 모든 것을 포괄하는 한 가지 체계의 두 가지 측면일 뿐이다. 이 체계를 셸링은 "동일성 철학"이라 칭했는데, 이러한 구상은 칸트주의를 토대로 한 스피노자주의의 반복으로 볼 수 있다. 18세기 말의 젊은 철학자들은 스피노자의 "신 또는 자연deus sive natura"에 매료되었는데, 이제 신의 체계적 자리를 절대적 자아가 차지하게 된 것일 뿐이었다. "독일 관념론" 체계의 발전 단계는 헤겔 철학의 출발점이 되었으며, 그가 칸트를 명백하게 해석학적으로 불공평하게 대했던 이유를 설명한다. 헤겔은 칸트를 단지 피히테 관념론의 불충분한 선행 형태로만 인지할 수 있었으며, 나아가 그는 셸링과 함께 피히테의 이상주의를 단순히 주관적 관념론이라고 비판했다.

헤겔이 피히테로부터 이어받은 것은 자아가 그 자체로 자유롭게 활동하는 층위여야 한다는 사상이다. 이 자아의 층위는 자기 자신과 그 반대로서의 비아를 정립하며, 그럼으로써 또한 포괄한다. 그러나 모든 현실, 의식의 주관적 실재 및 외적 실재의 이러한 절대적 원리를 "자아"라고 부르는 것은 헤겔에게는 여전히 너무나 주관적이었다. 그리하여 헤겔은 자신의 논리학에서 계발하고 논증하려 했던 "절대이념"으로 자아를 대체했다. 이것이 헤겔의 체계가 "절대적 관념론"인 까닭이다.(Hegel 8, 123쪽) 이는 칸트에 대한 대항이며, 명확히 사변 이성의 회복과 연결된다. 물론 비판기 이전 형이상학으로 회복이 될 수는 없다. 헤겔에게도 칸트 이전의 학설로 돌아갈 길은 없었기 때문이다. 철학적 사변의 이 새로운 구상의 기본 형상은 '모든 것을 실제로 포괄하는 철학 원리는 그 자체와 그 반대를 포함해야 한다'는 피히테의 사상과 다름없다.(Schnädelbach 1999, 18쪽 이하 참조) 헤겔에게 그것은 칸트를 비판하는 모든 논증의 토대가 된다.

헤겔의 기본 직관은 다음과 같다. 주관적 이성은 자신의 유한성에 관해 알고 있기에 이미 "그 자체로" 또는 실제로 절대적인 것의 시각을 취했다. 단지 주관적 이성이 이미 무한자의 개념을 활용하기 때문에 그 자체가 유한하다고 이해할 수 있다. 헤겔에게 이것은 한계에 대한 유명한 논증을 통해 뒷받침된다. 예를 들어 유한자와 무한자 사이에, 또는 피제약자와 무제약자 사이에 한계를 짓는 것은 지어야 할 한계를 이미 넘어섰을 때에만 가능하다. 한계가 내부와 외부 사이의 경계를 긋기 때문이다. 물자체와 현상을 구별하는 데 적용하면, "물자체"라는 개념이 무엇을 의미하는지 모른다면 "단순한 현상"이라는 개념도 의미를 잃을 것이라는 뜻이 된다. 이런 식으로 헤겔은 물자체가 무엇인지, 즉 추상적 사고 규정이 무엇인지 아는 것보다 쉬운 것이 없다는 주장을 펼 수 있다고 생각한다.

앞서 언급한 두 가지 논증과 마찬가지로 오늘날까지 헤겔주의자들 사이에서 큰 인기를 누리고 있는 세 번째 논증은 "불신에 대한 불신"의 논증이다.(Hegel 3, 69쪽 참조) 비판적 전통은 데카르트 이후 의심과 함께 체계적으로 시작된다. 여기서 한 번쯤 이러한 의심을 의심해보는 것이 당연하지 않을까? 직설적으로 정신분석학적으로 표현하면서 헤겔은 오류에 대한 회의론적 두려움을 진리에 대한 두려움으로 해석하고, 이를 진리에 관한 함축적 지식의 징후로 해석한다. 헤겔에 의하면, 강조된 의미에서의 '진리'는 주관성과 객관성의 절대적인 통일을 의미한다. 여기에는 유한하고 의심하는 이성이 항상 계기로서 포함되어 있다. "감각적 확실성"으로서의 기초적 형태에서조차 주관적 의식 "그 자체"는 이미 이 절대적인 통합에 관한 지식이다. 그리고 중요한 것은 의심을 지나치는 것이 아니라 "스스로를 완성하는 회의주의"(Hegel 3, 72쪽)의 과정에서 "불신에 대한 불신"의 길을 통해 이미 처음부터 함축되어 있던 이 "절대적 지식"을 명시적으로 만드는 것뿐이다. 헤겔은 『정신 현상학Phänomenologie des Geistes』에서 이것은 실제로 경험의 맥락에서 의식의 고유한

성취라고 서술한 바 있다.

한계 그리고 "불신에 대한 불신"에 관한 헤겔의 논증은 자신으로부터 절대자를 제외해야 한다고 믿는 유한 이성으로서의 비판 이성이 항상 절대자에 대해 암묵적 관계를 유지하고 있음을 보여주기 위한 것이다. 그리하여 비판 이성은 유한성과 무한성을 포괄하는 참된 이성으로 나타나지만, 아직 이성적 형태는 아니다. 그리고 헤겔은 이것이 비판에 대한 내재적 비판을 통해 드러날 수 있다고 주장한다. 중요한 것은 파기가 아니라 절대 이성으로 가는 과도기인 유한 이성의 교정과 진정한 안정화다. 이런 식으로 헤겔은 칸트의 비판주의를 완전히 취하고 끝까지 비판적으로 생각했다고 주장한다. 그는 이성이 무제약자나 절대자를 생각하려할 때 필연적으로 모순에 얽혀 들게 된다는 칸트의 통찰에 특별한 존경을 표한다. 그는 여기서 칸트의 "순수이성의 반정립론"을 언급한다. "순수이성의 반정립론이 일반적으로 존재해야 한다는 것, 그리고 모든 분쟁에 관한 최고 법정을 의미하는 이 순수이성이 그 자신과의 분쟁에 빠져야 한다는 것은 걱정스럽고도 우울한 일이다."(*KrV* B 768쪽 이하) 칸트에게 순수이성의 이율배반은 순수이성의 아포리아에 대한 징후다. 이 아포리아는 사변뿐만 아니라 비판적 작업 전체를 위협한다. 이성의 최고 형태인 사변 이성이 내적으로 비합리적이라고 판명되는 것이기 때문이다. 그렇다면 이성이 전체적으로 비합리적이지 않다고 보장하는 것은 무엇일까? 문제는 단순히 이성을 사용할 때 그러한 아포리아적 결과를 가져오지 않는 영역을 찾아내는 것이 아니다. 이 영역을 확정하는 이성, 즉 비판 이성 자체를 비합리성이라는 의혹으로부터 보호하는 것도 문제가 된다. 영역을 제한하여 피해를 제한하려 하는 비판 이성이 동일한 비합리성에 사변 이성처럼 얽혀 있다는 점이 밝혀지면 비판 이성의 전체 작업이 불가능해지며, 의미 또한 없을 것이다.

그와 함께 이러한 판단이 이성의 일반적 위기로 자라나지 않게 하기 위해서 판단은 그 진정한 원인으로 소급되어야 한다. 칸트는 『순수이성 비판』의 '초월적 변증론' 부분에서 이에 착수했다. 아리스토텔레스를 자유롭게 언급하며 그가 '변증론'이라 칭하는 것은 가상의 논리학, 즉 순수이성이 자신의 개념에 기초하여 끌어내려 하는 잘못된 추론들에 대한 분석과 비판이다. 칸트가 플라톤을 재수용해 '이념'이라고 부르는 이러한 이성 개념들은 각각 무제약자에 초점을 맞추고 있으며, 이는 세계와 관련하여 불가피하게 이율배반을 초래한다. 그러나 칸트는 이렇게 말한다. "순수이성의 이

넘들은 그 자체로는 결코 변증적일 수 없다. 오히려 그 이념들을 단지 남용하는 것만으로도 그것들로부터 착각과 환영이 생겨난다. 그것들은 우리 이성의 본성을 통해 우리에게 건네지기 때문이며, 우리 사변의 모든 권리와 요구의 이 최고 법정은 스스로 본원적 사기와 기만을 포함할 수 없기 때문이다."(*KrV* B 697쪽) 이러한 남용은 물자체와 현상을 구별하지 못할 때 발생한다. 둘을 떼어놓으면 정립과 반정립의 모순은 사라진다. 둘은 서로 다른 차원에 속하며 서로 모순되지 않기 때문이다.(*KrV* B 768쪽 이하 참조)

칸트에 의하면, 이념을 물자체와 현상의 경계를 넘어 가능한 객관적 인식의 수단으로 오해할 때 변증론은 불가피하다. 이로써 전통적 의미의 사변, 즉 "단순한 개념들로부터의 순수한 이성 인식"(*MAN* A 7)이 배제된다. 그러한 시도는 이율배반을 낳기 때문이다. 칸트에 따르면 인식에서 이념들에 규제적 기능을 할당할 뿐인 이성 사용의 비판적 교정은 두려운 일반적인 이성의 위기에서 초래된다. 따라서 이 영역에서도 독단주의와 회의주의는 최종 결정을 내릴 수 없다. 모든 이성의 주장이 정당화되어야 하는 '법정'인 비판 이성은 그렇게 해서 사변 이성의 아포리아를 극복할 수 있다.

그와는 대조적으로 헤겔은 완전히 다른 관점을 취한다.

칸트의 경우는 사변 이성이 비판 이성 앞에서 정당화되어야 한다. 반면 헤겔은 그 반대, 즉 비판 이성이 더 높은 층위 앞에서 정당화되어야 한다고 요구한다. 이 층위는 물론 칸트의 이성 비판에 따르면 전통적 사변 이성일 수 없다.

헤겔은 이성의 반정립론에 관해 다음과 같이 말한다. "여기서 논의되는 것은 내용 자체, 즉 대자적^{對自的} 범주들이 모순을 야기한다는 것이다. 지성의 규정을 통해 이성적인 것에 놓이게 되는 모순이 본질적이고 필연적이라는 이 사상은 근세 철학의 가장 중요하고 가장 심오한 진보 중 하나로 간주되어야 한다. 이 관점은 너무나 심오하지만 그 해법은 너무나 진부하다. […] 해법은 모순이 즉자대자적 대상에 속하지 않고 오로지 인식하는 이성에 귀속되는 것이다."(Hegel 8, 126쪽) 헤겔은 계속해서 말한다. "이성은 오직 범주의 적용을 통해서만 모순에 빠진다는 표현을 쓰는 것은 도움이 되지 않는다. 왜냐하면 이러한 적용하기는 필수적이며, 이성은 인식에 대해 범주 외의 다른 규정을 갖지 않는다는 주장이 여기서 제기될 것이기 때문이다."(Hegel 8, 127쪽) 칸트가 주장하는 것처럼 이성의 반정립론이 필수적이며 모든 필연성이 이성에서 나온다는 것이 맞다면, 이성은 무제약자가 문제가 되는 그 가장 본원적인 사유 영역에서 자기 자신으로부터 쉽게 거리를 둘 수 없다. 오히려 이성은 이율배반이 이성의 가장 고유한 본질에 속한다고 인정해야 한다. 그 밖에도 칸트가 네 가지 이율배반만을 제시한 반면, 헤겔은 『논리학Logik』에서 이율배반이 모든 대상, 표상, 개념, 이념의 이성적 사유에서 나타난다는 것을 보여주었다고 주장한다. 이것은 철학적 고찰의 본질적인 것에 속하며, "논리적인 것의 변증법적 계기"를 형성하는 것이다.(Hegel 8, 127쪽 참조)

그러므로 헤겔에 따르면 변증법은 모순이 대두된 후 계속해서 사유하는 논리학이며, 칸트는 바로 이 발걸음을 딛기를 거부했다. 이러한 발걸음이, 그리고 그것만이 진리의 철학적 인식으로 이어진다는 것이 헤겔의 일반 논제다. 이를 비판적 이성 개념의 내재적 비판을 통해 증명했다고 헤겔은 주장한다. 그 주장에 따르면 그것은 칸트의 비판 이성을 넘어선다. 진정한 이성 자체가 변증법적임을 보여주기 위해 칸트가 이미 이 분야에서 먼저 생각했던 이성적 사고를 끝까지 사유함으로써 말이다. 그 결과 철학은 더 이상 변증법을 '가상의 논리학'으로 매도하는 대신 진리의 논리학으로 인정해야 한다. 그리고 헤겔의 논리학은 이를 위한 대대적 논증이나 다름없다. 따라서 헤겔의 변증법은 오늘날까지도 계속해서 그렇게 간주되어 거부되고 있지만 스스로를 독특하고 대안적인 사유의 방식으로 이해하는 것이 아니라, 오히려 이성 비판에 대한 자기비판의 논리적 결과, 즉 이성 비판의 이성 비판으로 이해한다. 이성 개념에 있어서 어는 칸트에 대한 비난을 의미한다. 칸트가 이성의 변증법적 본질을 이미 인식했지만 모순에 대한 두려움 때문에 그것을 지성의 법칙 아래에 두었다는 것이다. 그렇기 때문에 칸트의 비판 이성은 "지성적"일 뿐이다. 모순 없음을 주장하며 거기서 이성 비판의 진정으로 이성적인 결과들을 측정하며 참된 철학적 지식으로 가는 길을 스스로 차단하기 때문이다. 무제약자를 사유하며 인식하기, 아니면 모순 원리 따르기 사이에서 칸트는 후자를 선택했고, 이로써 이성의 이성적인 것을 지성으로 축소시켰다는 것이다.

이렇게 하여 칸트의 비판 이성을 이성으로 가져왔다는 주장을 헤겔은 사변 이성의 새로운 회복과 연결한다. "논리적인 것은 형식에 따라 세 가지 측면을 가진다. ·) 추상적 혹은 지성적 측면,) 변증법적 혹은 부정적-이성적 측면, Á) 사변적 혹은 긍정적-이성적 측면 […]. ·) 지성으로서의 사유는 견고한 규정성과 다른 것과의 차별성에 머무른다. 이와 같이 제한된 추상적인 것은 그에게 대자적으로 존속하며 존재한다고 간주된다 […].) 변증법적 계기는 그러한 유한한 규정들의 고유한 자기 지양이고 그와 대립되는 규정들로의 이행이다 […]. Á) 사변적 혹은 긍정적-이성적인 것은 규정들의 대립 속에서 그들의 통일을, 즉 대립의 해소와 이행에 포함된 긍정적인 것을 파악한다." (Hegel 8, 168쪽 이하)

이 형태를 이성의 유한성에 관한 칸트의 논제에 적용하고 이성이 먼저 무한성의 관념을 사유한 경우에만 자신의 유한성을 사유할 수 있음을 분명히 할 때, 헤겔에 의하면 두 가지 가능성이 있다. 우선 유한성과 무한성 사이의 모순을 피하기 위해 유한성으로 만족할 수 있으며, 그럼으로써 칸트와 더불어 지성에 최종 결정을 맡길 수 있다. 그러나 모순을 받아들일 수도 있으며, 서로 모순된 두 가지 규정의 상호 의존을 고려할 수도 있다. 진정한 무한성은 유한성과 구별되는 것일 수 없고, 오직 무한성과 유한성의 통일체로서의 무한성일 뿐이라는 결과에 도달하기 위해서 말이다. 헤겔에 따르면 단순히 부정적-이성적인 것으로서의 변증법적인 것에서, 그럼에도 불구하고 구별되는 대립들의 통일인 긍정적-이성적인 것으로의 이러한 이행을 통해 이성 비판을 관통해온 사변 이성의 새로운 형태가 달성된다. 그리하여 헤겔은 여기서 사유의 사변적 기본 형태를 관철한다. 일반자와 특수자의 관계, 무제약자와 피제약자의 관계, 물자체와 현상의 관계에 관한 것일 수 있는 이성 비판의 모든 중심 문제 영역에서와 같이 말이다. 이율배반의 전개와 그 필요성에 대한 통찰을 통해 참된 것은 항상 그 자체와 그 반대의 통일 또는 "동일성과 비동일성의 동일성"으로 보여야 한다.

그러나 헤겔에게 있어서 사변 이성은 단순히 주관적인 문제가 아니다. 사변의 기본 형태를 주관성과 객관성의 관계에 적용한다면 진정한 이성은 주관적 이성과 객관적 이성의 통일일 뿐이며, 그것이 절대 이성이다. 절대 이성은 물론 헤겔의 절대적 관념론이 모든 현실의 실체이자 본질이라고 주장하는 절대이념과 다름없다. 그에 따라 비판주의의 주관적 이성은 이성 비판을 자신에게 적용하는 자기 통찰을 통해 현실의 객관적 이성성의 요소이자 추동 계기로 이해될 수 있으며, 그럼으로써 자기 지양 없이 비판적으로 정당화된 형이상학적 합리주의로 회귀할 수 있다.

쇼펜하우어와
이성의 탈중심화

비판 이성의 내재적 비판을 통해 사변 이성을 회복하려는 헤겔의 시도가 계속해서 성공을 거둔 것은 아니다. 그의 철학은 독일에서 잠시 동안 우세했을 뿐이다. 그러나 그 영향력이 빠르게 쇠퇴한 데 대해 오늘날의 시각에서 바로 떠오르는 이유들에는 책임이 없다. 우리에겐 우선 논리적인 반론이 있다. 칸트가 이성의 가장 내적인 영역으로의 비합리성의 파국적 침입으로 경험했던 바로 그 이율배반을 철학적 사변의 동력기로 이용한다는 착상이 별로 설득력이 없었기 때문이라는 것이다. 그리하여 특히 마르크스주의자들이 어디서나 즐겨 활용했던 마법의 단어 '변증법'도 철학적 담론에서 거의 완전히 사라졌다. 게다가 '사유'와 '인식'에 관한 헤겔의 이해에 반하는 인식론적 고려考慮가 대두될 수 있다. 예컨대 누군가가 "물자체"의 사상이 무엇을 의미하는지 이해했다고 해도 이는 그가 그와 함께 물자체도 인식했을 것이라는 뜻은 아니다. 물론 헤겔도 이를 알고 있었다. 하지만 헤겔은 그의 사변적 사유 구상이 이미 전제한 사유하며 인식하기의 개념을 가지고 칸트에 반대하며 논증을 펼쳤다. 따라서 여기에 칸트에서 헤겔로의 내재적인 이행은 없었다. 논리적, 인식론적 견지에서 헤겔의 후세대는 바로 칸트에게로 돌아갔다. 칸트 운동과 신칸트주의가 20세기를 훌쩍 넘겨서도 대학의 철학 무대를 규정한 것은 우연이 아니었다.

무엇보다도 헤겔의 지지자들이 보수파와 혁명파, 즉 "우파"와 "좌파"로 분열되면서 헤겔 철학은 뒷전으로 밀려났다. 두 학파는 절대 관념론이 철학의 결어結語라는 확신은 일단 공유했지만 그로부터 서로 반대되는 결론을 도출했다. "노년 헤겔학파"가 보완과 수정을 통해 헤겔의 체계를 옹호하려 한 반면, "청년 헤겔학파"는 전체로서의 헤겔 체계를 뒤집어엎고(Marx K I, 18쪽 참조) 근대 학문으로 전환시키려고 했다. 루트비히 포이어바흐(1804~1872년)는 헤겔의 관념론을 신학의 최종 형태로 해석했다. 그 합리적 핵심은 인간학으로, 이것이야말로 진정한 "미래의 철학"이라는 것이다.(Feuerbach 79쪽 이하 참조) 카를 마르크스(1818~1883년)는 포이어바흐에 반대했다. 정적인 "인간의 본질"은 없으며, 이것은 "사회적 관계들의 총체"에 불과한 것이다.(Marx L 340쪽) 무엇보다도 자본론에서 헤겔을 명시적으로 재수용하면서 그는 마르크스주의적 헤겔 독해의 전통을 정립했다. 그에 따르면 이 철학은 오직 사회 이론으로서만 "해독"될 수 있다.

동시에 19세기 중반에는 철학에 대한 경멸이 정점에 달했다. 이렇게 된 데에는 셸링 학파와 헤겔의 관념론적 자연철학의 실패가 크게 기여했다. 특히 헤겔 『철학 강요Enzyklopädie der philosophischen Wissenschaften』의 해당 부분은 과학 교육을 받은 사람들 사이에서 유치해서 경악할 만한 사례들의 보고實庫 노릇을 했다. 따라서 철학의 회복이 필요했는데(이에 관해서는 Schnädelbach 1983, 131쪽 이하 참조), 이는 당시의 대학 교수들이 아니라 철학에 관심을 가진 자연과학자들에 의해 이뤄진다. 그들은 "우리는 철학이 필요하지 않다. 과학이 있기 때문이다"라는 슬로건에 만족하려 하지 않았다. 무비판적으로 과학을 신봉하는 신유물론의 시대정신에 맞서 그들은 인식론적 숙고가 불가결하다고 주장했다. 그와 함께 그들은 다시 칸트에게서 실마리를 찾을 수 있었다. 당시 철학을 회피하는 보다 깊은 이유는 과학 이해의 결정적인 변화 때문이었다. 이는 명제 체계의 과학에서 절차적으로 정의된 연구 과학으로의 이행으로 이해할 수 있다.(앞의 책 108쪽 참조) 이는 데카르트로부터 헤겔에 이르기까지 유효했던 원칙, 즉 '과학은 근거 있는 진술들의 체계로서만 가능하다'는 원칙이 '과학은 본질적으로 끊임없이 진보하는 인식 과정이며, 과학성을 보장하는 표준과 규칙을 따를 때 여기 참여할 수 있다'는 확신으로 교체되었음을 의미한다. 이 때문에 철학 교수들이 20세기를 훌쩍 넘겨서도 고수했던 철학적 사유 체계는 이미 더 이상 매력적이지 않았다. 사람들은 철학에서도 연구하려 했고, 철학사도 연구 분야로 자리 잡았다. 그렇게 해서 어마어마한 정보로 가득 찬 위대한 역사적 저작들이 탄생하게 되었고, 우리는 오늘날에도 여전히 이 저작들을 참고하고 있다.

그러나 이성 개념의 역사에서 이러한 변화보다 더 결정적이었던 것은 1850년경 철학 분야에서 일어난 급진적이고 쉽게 설명하기 어려운 분위기의 변화였다. 이를 이성 개념과 관련해서는 다음과 같이 기술할 수 있다. 이제 이성 이론을 더 발전시키는 대신 이성 비판이 널리 인구에 회자되고 있다. 그것도 너무나 지속적이어서 비판의 대상은 점점 더 불명확해지고 그 개념적 이해는 점점 더 개괄적이 되어 간다. 그리고 그 결과 점점 더 많은, 더욱 다양해져 가는 목소리들이 이 비판의 합창에 합류할 수 있게 되었다. 이들의 공통된 목소리는 '이성의 탈중심화'다. 객관적 이성의 상실은 근세적, 주관적, 비판적 이성의 생성이라는 결과를 가져왔다. 그럼에도 불구하고 칸트까지의 철학은 이성을 중심으로 고수했다. 적어도 인간에 관한 한은 그러했고, 심지어 인간이 지향해야만 할 객관적 세계가 이성적으로 구조화되어 있다고 더 이상 가정할 수 없음에도 불구하고 그러했다. 이것이 바뀐 것은 철학이 형이상학적 합리주의에서 형이상학적 비합리주의로, 즉 헤겔이 다시 한 번 갱신하려고 했던 서구의 근본적 합리주의에 대한 명시적 반논제로 이행한 순간이다. 헤겔은 우리가 이성적이라고 인식할 수 있는 것만 이성적으로 인식할 수 있다고 주장했다. 객관적 세계 구조와 우리의 주관적 이성 사이의 이러한 투명한 관계는 더 이상 가정되지 않는다. 그리고 "이성적인 것은 현실적이고 현실적인 것은 이성적이다"(Hegel 7, 24쪽)라는 헤겔의 유명한 문장에서와 같이, 그러한 관계로부터 출발하는 것은 이제 일반적으로 관념론적 기만의 징후로 간주된다.

반대로 아르투르 쇼펜하우어는 다음과 같이 가르쳤다. 세계의 내적 본질은 의지이고, 어둡고 목적 없는 충동이며, 비이성적이고 불투명하며, 주관적인 이성을 불허한다. 세계에서 이성적인 것은 단순한 부수 현상이며, 불합리한 것의 2차 현상이다. 이는 더욱이 우리의 주관적 이성에도 적용된다. 이 관점은 비합리적인 것의 형이상학이다. 쇼펜하우어는 이미 1818년에 자신의 체계를 발표했지만 주목받지 못하다가 이 철학은 1850년경 갑자기 명실상부하게 근대의 형이상학이 된 듯 보였고, 그제야 그 작용사가 시작되었다.

이러한 지연이 철학사적으로만 설명될 수 있는 것은 아니다. "독일 관념론"에도 젊은 쇼펜하우어가 끄집어내야 했던 형이상학적이며 비합리주의적인 사고의 동기가 이미 있었기 때문이다. 피히테를 좇아 모든 현실의 토대가 단순한 사행으로서의 '자아'라고 한다면, 이 원리는 적어도 합리적인 코기토 또는 "나는 생각한다"보다 주권적이지만 예측 불가능한 숨은 신과 더 유사해 보인다. 셸링은 저서 『인간적 자유의 본질Das Wesen der menschlichen Freiheit』(1809)에서 세계는 "태고의" 존재의 현상 또는 발현, 즉 비합리적인 내면에서 제한적으로만 합리적으로 관통할 수 있는 외면이라는 사상을 계발했다. 이 내면은 이성을 불허하는 철저히 어두운 힘이다. "궁극적인 최고의 층위에는 의욕 이상의 다른 것이 존재하지 않는다. 의욕은 근원존재Ursein다. 그리고 이것에만 그와 동일한 모든 술어가 적합하다. 무근거성, 영원, 시간으로부터의 독립, 자기 긍정 같은 것 말이다. 철학 전체는 오로지 이러한 최고의 표현을 찾기 위해 분투한다."(Schelling 20쪽) 이는 인간에게도 적용된다. 따라서 예측 가능한 이성이 아니라 인간의 비합리적인, 즉 "예측 불가능한" 본질이 인간 자유의 근거이다. 후기 셸링은 헤겔의 강력한 적수로 여겨졌으며, 1840년 큰 기대와 함께 베를린에서 헤겔이 역임했던 대학 교수직에 임명되었다. 쇠렌 키르케고르, 프리드리히 엥겔스, 야코프 부르크하르트 그리고 보다 늦은 무정부주의자 바쿠닌이 그의 취임 강연을 들었지만 대부분 실망하고 말았다. 단순히 "부정의 철학"인 헤겔 관념주의 비판자들은 "긍정의 철학"을 기대했지만 셸링은 그 대신 신화와 계시의 철학을 제시했기 때문이다. 당시 이 사건은 철학에 대한 경멸을 키우는 데 일조했다.

쇼펜하우어의 영향력의 시작과 삼월혁명 전기, 즉 1848년의 좌초된 혁명에서 시민층의 패배로 인한 민족적, 민주적 각성의 종말 사이에는 내적 관계가 있다. 근대 초 이래 시민층의 흥기와 계몽철학의 부상 사이에, 또는 프랑스혁명과 "독일 관념론" 사이에 연관이 있는 것과 마찬가지로 말이다. 그 침울한 경험은 이때부터 1789년의 이념이 독일 지식인과

문인의 의식 속에서 광휘를 잃어가는 데 기여했다. 그리고 계몽운동의 이른바 합리주의가, 그와 함께 관념론 철학이 피상적이고 아둔하며 상상력이 부족하고 경솔하다고 여기게 되는 데 기여했다. 쇼펜하우어 이후에는 프리드리히 니체가 그의 형이상학 "힘에의 의지"와 함께 새로운 "깊이"의 가장 영향력 있는 철학자가 되었다. 형이상학사적으로는 20세기 전체가 니체의 세기이다. 오늘날까지 형이상학적 비합리주의가 일반적이기 때문이다. 우리는 더 이상 헤겔처럼 세계가 그 심층에서 합리적으로 구조화되어 있다고 믿을 수 없다. 우리는 세계 안에서 스스로 실현해온 만큼만의 이성을 세계 안에서 찾을 수 있다고 확신한다.

기능적 이성

이성의 탈중심화의 결과는 기능적 이성의 구상이다. 이에 따르면 그 자체로는 아직 이성이 아니지만, 진정한 중심인 어떤 것의 기능이 이성이다. 이성의 기능화라는 의미에서 이 탈중심화는 19세기와 20세기 철학에서 매우 널리 나타난 진부한 표현이다. 소위 "관념론의 붕괴" 이후 무대를 지배한 것은 이성 비판이라는 단색의 기본 동기였다. 철학자들은 예전이나 지금이나 타고난 합리주의자이기 때문에 이들을 동일한 새로운 소식으로 거듭 놀라게 해야 한다는 견해가 있다. 즉 철학자들의 편견과는 반대로 이성은 본질이나 규칙이 아니라 "외부적인 것"이며 예외라는 것이다. 이에 따라 무엇이 실제로 새로울지는 의문이다. 합리주의적이라고 비난받은 계몽주의 철학, 그리고 칸트까지도 세계의 '어둠'에 대해 충분히 알고 있었고, 바로 그 때문에 그들은 이성적인 것이 우리의 유일한 기회라고 주장했다.

헤겔에 따르면 객관적 이성이 더 이상 언급되지 않게 되면서 이성의 탈중심화 논제는 오로지 인간의 이성과 관련이 있으며, 따라서 그것은 본질적으로 이성이 아닌 인간 내부의 어떤 것의 발현과 기능으로 나타난다. 쇼펜하우어는 이 사상을 자신의 저서 『의지와 표상으로서의 세계Die Welt als Wille und Vorstellung』 2권 22장 "지성의 객관적 견해"에서 고전적이고 반복적으로 모방되는 방식으로 전개했다. 쇼펜하우어에 따르면 "주관적 견해"는 "내부에서 나오는" 견해다. 여기서 그는 칸트의 의식 분석을 따르며, 세계는 우리 표상의 총체와 다름없다는 논제로 결과를 요약한다. 같은 시각에서 쇼펜하우어는 세계의 본질, 즉 물자체가 사실은 "의지", 어두운 충동, 목적 없는 노력 또는 맹목적인 욕구임을 보여줄 수 있다고 믿는다. 면밀히 관찰해보면 우리 자신의 본질이 이러한 종류의 것이고, 별로 중요치 않게 지적이라고 확언할 수 있다는 것이다. 그리고 우리는 이것을 객관적 세계에서 추론해야만 한다. 왜냐하면 우리가 어떤 이유로 세계에 객관성을 부여하는 한 그 세계는 우리의 표상 세계와 다름없기 때문이다. 그렇기 때문에 주관적 세계나 객관적 세계나 의지의 "객관화"인 것이다. "외부에서" 객관적으로 볼 때 지성은 세계 안에서도 나타난다. 말하자면 경험적, 동물학적, 해부학적, 생리학적으로 탐구할 수 있는 특정한 생물의 속성이나 능력으로서 말이다. 이렇게 보면 지성은 "어느 내장, 두뇌의 생리적 기능이다. 심지어 […] 공간에서 그토록 무한하고 [원문 그대로!] 시간에서 그토록 끝없으며 완벽함에서 깊이를 알 수 없는 전체 객관적 세계"는 따라서 "두개골에 있는 죽 덩어리의 일정한 운동 또는 자극"일 뿐이다.(Schopenhauer III, 319쪽)

하지만 이 "죽 덩어리"는 세상의 모든 것과 마찬가지로 그 자체가 의지의 객관화이다. 그리고 여기서부터 인간 유기체에 관한 지성의 생리학적 기능도 설명할 수 있다. "자연은 헛되이 행하지 않으며 쓸모없는 것도 창조하지 않는다. 자연은 모든 동물에게 자신을 보존하는 데 필요한 기관, 자신의 투쟁에 필요한 무기를 마련해 주었다. […] 따라서 바로 그 척도에 따라 자연은 모두에게 외부로 향하는 기관 중 가장 중요한 기관, 두뇌를 그 기능, 지성과 함께 나누어 주었다. […] 또한 자연은 이 마지막 걸음조차 두뇌의 확장과 완성으로, 그와 함께 인식 능력의 향상으로 내딛는다. 다른 모든 것과 마찬가지로 단순히 증가된 욕구의 결과로, 즉 의지에 봉사하기 위해서 말이다. 인간에게서의 목표와 그 성취는 동물의 목표인 영양, 번식과 본질적으로 같으며, 그 이상이 아니다."(Schopenhauer III, 327쪽) 하지만 인간, 즉 "의복도 없고 자연적인 방어 수단이나 공격 무기도 없고, 근력이 비교적 약하며 매우 허약하고 불쾌한 영향과 결핍에 맞서는 인내심이 거의 없는" 생명체의 경우는 "가장 다면적으로 사용되며 가장 다양한 목적에 동시에 적용 가능한 '도구'인 지성으로 이러한 모든 약점을 보완해야 한다."(앞의 책)

삶에 대한 의지에 봉사하는 이성, 이 주요 동기가 그 이후 인간에 대한 현대적 사유를 형성한다. 더 이상 쇼펜하우어처럼 자연이 그 실행을 통해 무언가를 목표로 삼는다고 보는 목적론적 어법에서 그런 것이 아니라, 순수하게 기능적인 측면에서 그러하다. 이에 관한 위대한 대변자는 우선 이성에 대한 기능적 시각에 계보학적 시각을 더한 니체였다. 니체는 이성을, 소위 진리의 능력을 본성상 속이고, 위장하고, 자기기만을 하는 능력에 기초한 특수한 동물 종의 생존 전략으로 설명한다. 이는 쇼펜하우어와는 거리가 멀었던 다윈이 일궈 낸 진화론적 시각에 속해 있었다.(Nietzsche III, 309쪽 이하 참조) 다양한 형상의 전체 생철학^{生哲學}(Schnädelbach

1983, 172쪽 이하 참조)이 정신에 대한 삶의 우위의 원리를 끊임없이 새롭게 변화시킨다. 제1차 세계대전을 전후로 철학적 문화비평이라는 폭넓은 조류가 생철학과 조화를 이루었으며, 이는 프랑크푸르트학파의 비판이론에도 적용된다. 막스 호르크하이머의 『도구적 이성 비판Kritik der instrumentellen Vernunft』은 카를 마르크스보다는 쇼펜하우어와 지그문트 프로이트(1856~1939년)에 의해 각인되었기 때문이다. '이드의 봉사를 받는 주체 층위인 자아'라는 프로이트의 학설은 쇼펜하우어의 기본 사상을 다르게 표현한 것일 뿐이다. 쇼펜하우어의 마지막 인용문은 아르놀트 겔렌(1904~1976년)에게서도 나올 수 있었는데, 겔렌의 철학적 인간학은 이성의 도구적 특성을 주로 경험적으로, 특히 동물과 인간을 직접 비교함으로써 증명하려고 했다. 이 분야에서 그의 경쟁자인 막스 셸러(1874~1928년)와 헬무트 플레스너(1892~1985년)도 마찬가지로 이를 그들 이론의 기초로 삼았다. 그로부터 다른 결론을 도출하긴 했지만 말이다.

하나의 이성과

다수의 합리성

◆◆◆

『하나의 이성과 다수의 합리성Die eine Vernunft und die vielen Rationalitäten』(Apel/Kettner 참조)이라는 책 제목은 이성에 관한 현대적 사유가 처해 있는 문제 상황을 매우 정확하게 반영한다. 이 상황은 항상 이성적 자기비판을 요구하며 등장하는 비판 이성의 비판에서 비롯된다. 따라서 주관적이고 유한한 이성은 헤겔처럼 포괄적인 절대 이성의 맥락, 아니면 쇼펜하우어처럼 비합리적인 세계 의지의 맥락으로 옮겨져야 한다. "독일 관념론"이 끝난 후 이러한 이성의 탈중심화와 그에 관련된 기능적 이성의 구상이 일반적으로 받아들여졌고, 여기서 그 구상은 "세부적으로" 다루어졌다. 즉, 매우 다양한 맥락에서 타당성을 얻게 되었다. 이는 우선 전문 철학자들에 의해 일어난 것이 아니었다. 이들은 거의 모두 역사적, 언어학적 연구나 인식론과 학문론으로 물러나 있었다. 헤겔과 셸링 사후 철학적 사유에서 일어난 큰 변화는 더이상 철학과 교수들의 업적이 아니었다. 쇼펜하우어는 대학

자체에 등을 돌렸다. 포이어바흐, 마르크스, 니체, 프로이트, 그리고 진정한 철학적 혁명가인 알베르트 아인슈타인은 철학과 교수직을 맡은 적이 없고 학계에서 철학자로 인정받지도 못했다. 이성의 기능화가 항상 형이상학적 비합리주의를 위한 명시적 편들기를 의미하지는 않았다. 여하튼 사람들은 대부분 형이상학과 관계하기를 원치 않았기 때문이다. 그러나 연구 과학이라는 의미에서 학문에 만족하더라도 '이성'이라는 주제를 다루고, 그것이 각 연구 분야에서 무엇을 의미하는지 탐구하는 것을 계속해서 피할 수는 없다. 이는 필연적으로 이성에 관한 기능적 이해로 이어졌다. 여기서는 언제나 이미 각각 기능하고 있는 현상 관계에서 시작하게 되기 때문이다.

그러나 이성이 특정하게 제한된 맥락에서 그 기능과 관련해서만 언급되는 만큼, 이성의 통일성이라는 고전적 이념은 유지할 수 없는 것으로 판명될 위험에 처했다. 아리스토텔레스가 이미 인간의 다섯 가지 합리적인 "덕성"을 구별했지만, 이는 단지 이성적인 "영혼의 일부"를 다양한 영역에 적용하는 것과 관계되었다.(*NE* 1139b 15 이하 참조) 칸트에게는 지성, 판단력, 이성의 차이, 그리고 이론이성과 실천이성의 차이도 중요하다. 그러나 그 차이들은 전체적으로 보다 일반적인 의미에서 이성의 영역에 속한다. 그와 함께 이성의 근대적 맥락화는 이성의 다원화를 야기했다. 이에 대하여 용도가 다양하더라도 이성은 하나이며 동일하다고 주장하는 것은 그저 공허한 확신일 수밖에 없었다.

이성과 사회

헤겔주의에 관한 포이어바흐의 인간학적 변형과 마르크스
의 사회 이론적 변형에 관해서는 앞에서 이미 언급했다. 두
사람은 모두 헤겔의 칸트 비판을 다시 한 번 헤겔에게 적용
했는데, 그의 이성 및 철학 구상이 비판주의와 마찬가지로
자신이 속한 포괄적 맥락을 사상捨象한다는 의미에서 "추상
적"이라는 것을 헤겔에게 알려주기 위해서였다. 마르크스에
따르면, 이는 헤겔의 절대이념을 탈신화화할 때, 즉 그것을
현실의 근거와 동력기로 간주하는 것이 아니라 역으로 역사
적, 사회적 현실을 그 이념의 토양으로 인식할 때 분명해진
다. 의식이 존재를 결정하는 것이 아니라 그 반대라면 "의식
은 의식된 존재 이외의 다른 어떤 것이 될 수 없으며, 인간의

존재는 그들의 현실적 생활 과정이다. […] 의식이 삶을 결정하는 것이 아니라 삶이 의식을 결정한다."(Marx L 349쪽) 따라서 관념론은 허위의식이라는 의미에서 이데올로기이다. 이러한 유물론적 관점에서는 인간 이성도 인간의 역사적이고 사회적인 생활 과정의 기능이기 때문이다. 하지만 이것이, 쇼펜하우어와 생철학도 그랬지만, 마르크스주의자들이 이 과정이 본질적으로 비합리적이었다고 보았다는 것을 의미하지는 않았다. 마르크스주의자들은 그들의 역사철학에서 헤겔의 "역사 속의 이성"을 가장 오랫동안 고수했다. "이성은 항상 존재했지만 항상 합리적인 형태로 존재하지는 않았다"(Marx L 169쪽)라는 마르크스 격언의 의미에서 그랬던 것이지만 말이다. 레닌주의의 변증법적, 역사적 유물론에서 죄르지 루카치(1885~1971년)의 헤겔적 마르크스주의, 프랑크푸르트학파의 비판 이론, 장 폴 사르트르(1905~1980년)에 이르기까지 다양한 형상의 마르크스주의는 항상 스스로를 칸트적 변증법의 지양을 원했던 헤겔 변증법의 변증법적 지양으로 여겼다. 이는 비합리주의적 양보 없이 이성을 기능적으로 해석하려는 어려운 시도의 전통으로 이해할 수 있다.

언어적 이성

빌헬름 폰 훔볼트(1767~1835년)는 철학을 공부했지만 무엇보다도 언어 연구자였다. 그리고 그의 불후의 업적은 아리스토텔레스까지 소급되는, 언어는 하나의 도구일 뿐이라는 생각에 대한 비판이다. 그에 따르면, 우리는 이 도구의 도움을 받아 처음에 우리 안에서 언어와 무관하게 나타나는 생각을 지속적으로 기억 속에 고정시키며, 우리가 이해할 수 있도록 그것을 어느 정도 공표한다. 요한 게오르크 하만(1730~1788년)은 이미 1784년에 사유하기와 말하기가 불가분의 관계라는 논의로 칸트 순수이성의 "순수주의"를 비판했다. 언어는 "전통과 사용 외에 다른 어떤 신뢰도 받지 못하는 이성의 최초이자 최후의 유일한 기관이며 기준"(Hamann

222쪽)이기 때문이다. 이성이 언어적 전통과 실제적 언어 사용에서만 신뢰성을 끌어낼 수 있다면 그것은 언제나 "불순"하며 모든 경험적 지식과 무관한 이성이라는 칸트의 이념은 신화다. 요한 고트프리트 헤르더(1744~1803년)는 이미 1772년에 언어의 기원에 관한 공개 토론에서 인간이 처음으로 이성을 가동했을 때 언어를 발명하는 것 외에는 아무것도 할 수 있는 것이 없었을 것이라는 논제로 말하기와 사유하기 사이의 긴밀한 관계에 관한 사상을 개진했다.(Herder 22쪽 이하 참조) 그리고 훔볼트는 피할 수 없는 언어적 이성 이념에 원칙적 근거를 제공했다. "언어는 사상을 형성하는 기관이다. [원문 그대로!] […] 따라서 지적 활동과 언어는 하나이며 서로 분리될 수 없다. 단순히 전자를 생산하는 것으로, 후자를 생산되는 것으로 볼 수조차 없다."(Humboldt III, 191쪽) 훔볼트에 의하면 사고 활동과 언어 활동의 공통점은 조음調音이다. "언어음과의 결합"이 없으면 사유는 명확하지 못하고 표상은 개념을 잃은 채로 남기 때문이다.(앞의 책 192쪽)

따라서 자연어들은 각각 서로 다른 조음 체계들이다. 이는 그것들이 서로 다른 사상 형성 "기관"이기도 하다는 것을 의미한다. 그러므로 우리는 상이한 어족語族에 서로 다른 사상 체계와 세계관을 부가해야 한다. "또한 인간은 주로 언어가 공급해주는 대상들과 함께 살아간다. 그리고 그때 그의 지각과 행동은 그의 표상에 의존하며, 심지어 전적으로 그렇다. 자기 자신으로부터 언어를 자아내는 것과 동일한 행위를 통해 인간은 자신을 언어 속에 자아 넣는다. 그리고 모든 언어는 자신이 속한 민족 주위에 원을 그리는데, 그로부터 빠져나오는 것은 동시에 다른 언어의 원으로 건너가는 한에서만 가능하다."(앞의 책 224쪽)

언어와 "세계관Weltansicht" 사이의 이러한 긴밀한 관계는 확실히 언어학적 상대주의 사상을 떠오르게 한다. 즉 모든 언어에는 다른 언어와 양립할 수 없는 매우 특정한 세계관이 있다는 논제다. 이는 하나의 일반적 인간 이성이라는 표상만이 아니라 다른 언어와 세계관에 대한 이해의 가능성도 위협하는 것이다. 왜냐하면 궁극적으로 각각이 자신의 언어적 시각만을 가질 것이기 때문이다. 이 문제는 훔볼트의 이론을 아마도 알지 못했을 에드워드 사피어(1884~1939년)와 벤저민 워프(1897~1941년)가 호피Hopi족[미국 애리조나주 북동부의 아메리카 원주민 부족 - 옮긴이]의 언어에 관한 연구를 발표한 이후 한때 큰 파문을 불러일으켰다.(Gipper 참조) 외국어를 이해함에 있어서 주관적인 언어적 구속이 완전하고 완벽한 번역의 가능성을 배제한다고 해서 외국어를 전혀 이해할 수 없다는 것은 결코 아니라는 점을 우리는 훔볼트로부터 이미 배웠을지 모른다. 언어학자들이 낯선 언어를 사용하는 이 민족, 저 민족은 모든 것이 "완전히 다르다"라고 우리에게 말할 때, 우리는 그들이 적어도 여기서 무엇인가를 이해하지 못한 채 어떻게 그 점을 알 수 있는지 물어보지 않을 수 없다.(Davidson 261쪽 이하 참조) 이런 식으로 우리는 상대주의에 굴복하지 않고 사유의 언어적 상대성을 인정할 수 있다.

자연어의 의사소통 기능으로서 언어적 이성이라는 훔볼트의 구상은 20세기를 훌쩍 넘긴 후에도 전문 철학자들에 의해 무시되었다. 그 구상을 통해 역사적, 경험적 요소들이 철학의 기초인 "순수"이성으로 유입되었다는 사실은 철학의 엄격한 과학성에 대한 위협으로 이해되었다. 에드문트 후설은 현상학적 프로그램을 통해 언어의 등 뒤에 도달하려는 시도에 착수했다. 여기서부터, 즉 선先언어적이고 선상징적인 의식 현상 분야에서 "엄밀한 학문으로서의 철학"을 위한 신뢰할 만한 기초를 다지려는 것이었다. 버트런드 러셀(1872~1970년)과 루트비히 비트겐슈타인(1889~1951년)에 이르러서야 "사유의 철학적 설명은 언어의 철학적 분석을 통해 달성될 수 있다. 그리고 […] 포괄적인 설명은 다른 방식이 아닌 오로지 이 방식으로만 달성될 수 있다"(Dummett 11)

는 확신이 비로소 관철되었다. 사유는 본질적으로 기호학적 과정, 즉 기호를 적용하는 과정이기 때문에 사유에 있어서 언어는 불가피하다는 논제는 찰스 샌더스 퍼스(1839~1914년) 그리고 에른스트 카시러(1874~1945년)에 의해 대변되었다. 여기서 두 이론가는 낱말 언어뿐 아니라 대안적 상징 언어까지 고려했다.

역사적,
해석학적 이성

이성 비판에서 칸트는 그 이전의 모든 철학자와 마찬가지로 인간 이성은 일반적인 인간 본성에 기초하고 있으므로 인간이 존재하는 한 변하지 않는다는 전제에서 출발했다. 이로써 인간이 말하고 행하고 만들어 낸 모든 것이 적어도 원칙적으로는 이해될 수 있다고 보장되는 듯이 보였다. 역사적, 문화적 거리를 좁혀야 한다고 하더라도 그런 듯했다. 이러한 확신은 19세기에 사라지고 역사적 이성의 이념이 자리를 잡게 되었다. 『순수이성 비판』의 마지막 부분에서 칸트는 이성의 역사를 여전히 다루어야 할 문제의 표제로 명명하고(*KrV* B 880쪽), 이와 함께 인간 이성이 철학사의 실마리를 따라 재구성될 수 있는 역사를 가질 수 있다고 암시했다. 이

때 그는 "철학의 유년기"(앞의 책)에 관해 말한다. 하지만 이는 그가 이성의 역사를 일반 역사와 마찬가지로 목적론적으로, 즉 그 최종 결말을 예상할 수 있는 본원적 기질의 발전 과정으로 파악하고 있음을 보여준다. 목적론적 도식은 이성의 통일성에 관한 일반 논제를 18세기 계몽주의 운동에서 지속적으로 강화되어 온, 모든 인간적인 것의 역사적 가변성과 상대성에 관한 경험들과 조화시킬 수 있을 것처럼 보였다. 헤겔 또한 철학적 철학사에서와 마찬가지로 세계사의 철학에서도 역사적인 것을 체계화하는 이러한 수단을 취한다. 체계의 두 부분에서 명확해져야 하는 것은 이성이 자연 세계에서만이 아니라 문화 세계에서도 세계를 지배하며, 이미 처음부터 작동하고 있었고, 그 완전한 실현을 위해 나아가고 있다는 점이다.

역사적인 것과 체계적인 것 사이의 이러한 균형은 "독일 관념론" 종말 이후 무너진다. 그리고 이것이 아마도 이 종말의 진정한 원인일 것이다.(Schnädelbach 1999, 151쪽 이하 참조) 성서, 로마법, 역사적 사료 또는 고대의 고전에 대한 근본적 이해의 가능성을 보장하는 것처럼 보였던 이상적 동시성의 이념은 이미 프로테스탄트 신학만이 아니라 법학, 역사학, 고전 문헌학에서도 순진한 것으로 판명되었다. 이렇듯 역사적 이질성을 경험함으로써 특수한 해석학의 교육, 즉 해석의 기술학이 필요하게 되었는데, 이를 통해 닥쳐온 이해의 문제를 극복할 수 있다고 믿었던 것이다. 게다가 18세기 후반부터 "역사의식"이라고 불리는 것이 이중의 의미에서 형성되었는데, 이는 교양인들이 역사적인 것에 대한 의식뿐만 아니라 무엇보다도 모든 인간적인 것의 역사성에 대한 의식을 인정한다는 의미였다. 그리고 이는 필연적으로 이 의식 자체가 역사적으로 생성된 것이자 변화하는 것으로 이해되어야 한다는 뜻을 담고 있었다. 그 결과는 근대 자연과학을 지향했던 자연주의와 더불어 19세기와 20세기 초를 각인한 의식 형태인 역사주의였다.

무시간적으로 일반적인 하나의 인간 이성과의 작별은 모든 문화의 근본적 동류성이라는 표상을 완전히 해체했다. 그리하여 단순히 기술적인 이해의 기술학만으로는 역사적으로나 문화적으로 낯선 것에 대한 이해의 가능성을 더 이상 보장할 수 없었다. 해결책은 빌헬름 딜타이(1833~1911년)가 "정신과학"이라고 불렀던 것, 즉 더 엄격한 방법과 기준을 통해 과학으로 승격된 역사적, 문헌학적 분과의 생성이었다. 즉 역사학, 언어학, 문학, 예술학 분과를 말하는 것인데, 이들은 18세기 후반에는 결코 학문적 역량을 갖지 못한 단순 교양 영역으로 여겨졌다. 어디서든 역사적인 것이 전면에 서 있었다. 새로운 문헌학은 처음에는 언어사, 문학사, 예술사로 등장했다. 모든 문화 영역의 역사화는 이후 법제사, 사회사, 경제사, 과학사 그리고 무엇보다 철학사로 일반적으로 관철되었다.

역사주의는 이성 개념의 역사에서 심층적 전환점을 의미한다. 자신의 역사성에 대한 인식으로서의 역사의식은 그 자신에 대한 비역사의식적 이해를 계몽한 결과로 이해되었다. 그러나 이로써 정신과학의 근본 문제가 해결되기는커녕 오히려 처음으로 제기되었다. 이러한 학문들이 이해라는 방법을 통해 인과적 또는 기능적으로 설명하는 자연과학과 구별된다는 점에 대해서는 대부분 의견이 일치했다. 그 후 물론 "역사적으로 변동할 수 있는 것과 대부분 낯선 것의 세계에서 이해는 어떻게 가능할까?" 라는 질문에 답변해야 했다. 무엇보다도 정신과학의 과학성이 여기에 달려 있었다. 자연과학에 매료되었던 19세기에 정신과학의 과학성은 거듭 의심받았다. 빌헬름 딜타이는 『정신과학입문. 역사이성비판 Einleitung in die Geisteswissenschaften. Kritik der historischen Vernunft』(1883)에서 생각할 수 있는 가장 근본적인 형태로 이 문제를 다루었다. 칸트가 『순수이성 비판』에서 회의주의에 맞서 순수이성

200

의 과학성을 논증하기 위해 수학과 자연과학을 지향한 것처럼 딜타이는 갓 태동한 정신과학의 견지에서 역사 이성 비판이라는 수단을 사용해 이를 되풀이하려고 했다. 역사과학은 무엇보다도 사료 텍스트를 이해하고 설명하거나 해석하며 다루는 해석학적 학문이다. 딜타이에 의하면 역사 이성은 본질적으로 역사적-해석학적 이성으로 이해되어야 한다. 모든 인간적인 것이 그렇듯 이성에도 역사가 있다고 말하는 것은 그에 비하면 그저 진부하다.

딜타이의 역사적-해석학적 이성은 "체험, 표현 그리고 이해"의 연관에 근거를 두고 있다.(Dilthey 157쪽 참조) 그가 보기에 이는 정신과학의 주제와 대상의 기초이기만 한 것이 아니다. 인간이 세계를 다루는 방식 전체가 거기에 기초를 두고 있다. 이는 현상을 객관화하며 그 기초적 맥락을 그저 은폐할 뿐인 독특한 방법을 갖춘 자연과학에도 적용된다. 그렇게 딜타이는 이해를 위해, 그리고 그와 결합된 역사적-해석학적 이성을 위해 보편성을 주장한다. 그에 따르면, 정신적 존재인 우리를 단순한 자연보다 높여주는 특별히 인간적인 모든 것은 인간이 표현하는 체험에 기반을 둔다. 이를 통해 체험은 타인들에게서 이해의 가장 기초적인 형태를 나타내는 추체험을 야기한다. 그것은 예컨대 어린아이의 발언 같은 표현의 이해로서 매우 친숙하다. 그러나 "체험, 표현 그리고 이해"는 딜타이에 따르면 삶의 연관 속에 있으며, 이는 우리가 이성이라고 부르는 것 앞에 항상 있다. 그리하여 딜타이는 쇼펜하우어 이후, 그리고 다윈의 영향을 받아 채택했던 자연주의적 형식에 대한 생철학의 저항과 함께 생철학의 해석학적 변형을 정초한다. 딜타이의 역사 이성 비판은 무엇보다도 비판 이성의 새로운 자기비판을 의미하며, 이로써 그의 철학은 헤겔에 다시 가까워진다. 여기서도 주관적 이성은 선행하는 포괄적 연관의 계기로서 자신을 이해하는 법을 배워야 하기 때문이다. 그 연관 속에서 주관적 이성의 비판이 최초로 가능해진다. 심지어 딜타이는 헤겔의 객관 정신의 개념도 받아들였다. 헤겔과의 본질적인 차이는 역사적-해석학적 이성이 더 이상 절대 이성으로부터 이해돼서는 안 된다는 점이다. 그것은 모든 인간사의 기초이지만 처음에는 무이성적이거나 선합리적인 삶을 배경으로 이해되어야 한다. 여기서도 형이상학적 비합리주의가 역사적-해석학적 이성 철학의 주요 동기이다.

그래서 딜타이의 철학은 생철학적으로 절반으로 쪼개진 헤겔주의로 이해할 수 있다. 이는 마르틴 하이데거와 한스-게오르크 가다머(1900~2002년)의 해석학적 존재론에도 같은 방식으로 적용된다. 여기서도 이해는 인간적인 것의 기본 형태이며, 그런 까닭에 보편성에 대한 요구가 제기된다. 하지만 더 이상 딜타이처럼 삶의 근본 현상으로서가 아니라 "존재 이해"의 형태로 이루어진다. 여기서 '존재'는 순수한 사건, 즉 주체가 없고 예견할 수 없는 것으로 이해된다. 그럼에도 불구하고 인간은 이러한 존재에 접근할 수 있다. 존재의 역운歷運[역사적 운명을 뜻함 – 옮긴이]은 의미의 역운이며 동시에 언어의 역운이기 때문이다. "이해될 수 있는 존재는 언어다."(Gadamer 450쪽) 이를 위한 기초는 "현존재"로서 본원적으로 존재 이해를 가지는 인간의 본질이라고 하이데거는 『존재와 시간Sein und Zeit』에서 상세히 개진했다. 그는 이것을 인간의 "존재론적" 기본 구성이라 부른다.(SuZ 12쪽 참조) 이런 의미에서 이 철학은 "해석학적 존재론"이다.(Gadamer 415쪽 이하 참조) 존재의 역운을 의미의 역운으로 명료하게 상정함으로써 하이데거와 가다머는 쇼펜하우어와 생철학보다는 헤겔에 더 가까워졌다. 두 사람 모두 비판주의에 대한 헤겔의 비판을 공유한다. 그리고 헤겔과 딜타이처럼 역사적-해석학적 제약성의 형태로 비판 이성의 유한성을 주장하지만, 물론 헤겔의 절대이념에 의존하지는 않는다. 그들은 그 기능이 역사적-해석학적 이성인 기본적 일어남을 딜타이처럼 삶이 아니라 "이해될 수 있는" "존재"로 파악한다. 이 점이 그들을 그 시대의 형이상학적 비합리주의로부터 완전히 분리시키는 것은 아직 아니다. 비합리적인 것은 이해할 수 없는 것일 뿐만 아니라 이용할 수 없는 것, 계산할 수 없는 것, 헤아릴 수 없을 만큼 창의적인 것이기 때문이다. 이는 이미 피히테의 "사행"에서, 셸링의 "근원존재"에서, 그리고 쇼펜하우어의 "의지" 부분에서 언급된 것이었으며, 여기서도 바로 그렇게 존재가 사유된다. 형이상학적으로 비합리적인 것은 온전히 이해할 수 없는 것으로만 다뤄지고 소진되지 않는다. 그렇지 않으면 사유, 인식 그리고 이해가 그것으로부터 유래할 수 없기 때문이다. 그러면 철학도, 그와 함께 비합리적인 것의 형이상학도 존재할 수 없을 것이다.

합리성

이성 구상의 기능화를 통한 그 다원화의 역사는 이성 철학에서 합리성 이론으로의 이행을 통해 그 현대적 단계에 도달했다. "독일 관념론"의 종말 이후 통용된 이성 비판은 '이성'이라는 표현에 대한 광범위한 불신을 낳았다. 흔들림 없이 이성을 고수한 대학 철학에 시대정신은 거리를 두었고, 이와 함께 불신은 지속적으로 커져갔다. "그" 이성이라는 것은 그 자체로 헤겔과 그의 추종자들이 다시 한 번 역사의 왕좌에 올려놓은 하나의 형이상학적 물신物神이 아니었을까? 그에 비해 칸트는 이성을 단지 인간의 능력으로 규정했다. 특히 이성적 역량의 의미에서 말이다. 그러나 19세기와 20세기 초의 이성 비판적 분위기에서 이성성 또는 이성적 역량을 여전히 인간의 본질과 연결시키는 것은 계몽주의와 관념론 철학자들의 "그" 이성에 대한 이른바 순진한 믿음의 표현으로 간주되었다. 이 믿음은 이제 가벼운 조롱거리가 되었다. '합리성', 지금은 이 단어가 더 좋게, 무엇보다 학문적으로 들린다. 그리하여 이 용어는 어디에서나 선호하게 되었다. 특히 그렇게나 비난받는 이성적 동물이 무엇을 할 수 있는지에 관해 특정한 학문적 맥락에서 말하는 것을 철학적 야망 없이 비켜 갈 수 없는 모든 곳에서 선호되었다. 여기서는 철학이 더 이상 중요하지 않을 수도 있었다. 오히려 그때부터 관건이 된 것은 모든 "정상" 학문에서 그런 것처럼 이론이었다.

근대의 학술적 언어 사용에 있어서 '합리성'은 더 이상 단순히 '이성'을 의미하는 것이 아니라 훨씬 더 특수한 어떤 것을 의미한다. 우선 일반적으로 의미하는 것은 이론적 또는 학문적 합리성이 아닌 행위 합리성이다. 그것은 그 후 우리가 행위를 이성적이라고 평가할 때 염두에 두는 보다 일반적인 특징과 주로 관계된다. 우리가 막스 베버(1864~1920년) 이래로 알고 있듯이 가치 판단은 학술적으로 자의적이기 때문이다. 따라서 문제가 되는 것은 규칙성, 반복 가능성, 제어 가능성, 행위 경과의 통제 가능성이며, 무엇보다도 주관적 기준에 비춘 합목적성이다. 여기서는 라틴어 '라티오'의 문자 그대로의 의미에 따라 계산 가능한 효율의 측면이 전면에 서게 된다. 이처럼 근대의 '합리성'은 주로 합목적적 합리성을 의미하는데, 막스 베버는 이를 다음과 같이 정의했다. "목적, 수단 그리고 부차적 결과에 따라 행위의 방향을 정하고 여기서 목적에 대해 수단을, 부차적 결과에 대해 목적을, 마지막으로 여러 가지 가능한 목적들도 서로 합리적으로 저울질하는 인간은 합목적적 합리적으로 행위하는 것이다."(Weber 2002, 675쪽) 여기서 중요한 것은 합목적적 합리성과 가치 합리성의 대립이다. "의무, 존엄, 아름다움, 종교적 지시, 경건함 또는 어떤 종류든 간에 '일'의 중요함이 그에게 요구하는 듯 보이는 것을 확신하며 예측해야 할 결과를 고려하지 않고 행위하는 사람은 순수하게 가치 합리적으로 행위하는 것이다."(앞의 책 674쪽) 합리성의 근대적 이해는 이와 같은 최고 가치와 목적의 지향에 대한 합리적 평가를 포함하지 않는다. 지향은 궁극적으로 사적인 결정의 단순히 주관적인 문제로 간주되기 때문이다. 이러한 시각에서 가치 합리적 행위는 궁극적으로 비합리적으로 보일 수밖에 없다. 따라서 그렇게 이해된 합리성은 제시된 목적, 이용 가능한 수단, 그리고 예측 가능한 부차적 결과 사이의 최적의 관계로 제한된다. 여기서 목표 설정 역시 전적으로 비판받을 수 있다. 하지만 활용 가능한 수단을 감안한 달성 가능성, 바람직하지 않은 부차적 결과와 비교한 목표 설정의 바람직함, 그리고 마지막으로 다른 목표 설정과의 어우러짐을 고려해서만 비판받는 것이다.

이러한 합리성 구상은 경제학에서 유래했다. 그리고 능숙한 경제학자이자 사회학의 공동 창시자인 막스 베버가 이를 행위 이론으로 확장했다. 경제적 합리성은 본래 애덤 스미스와 데이비드 리카도 이후 고전 경제학의 지도적 관점이었다. 이는 존 스튜어트 밀의 '경제적 인간Homo oeconomicus'의 이념형으로 처음 명시적으로 표현되었다. "정치경제학은 인간이 기존의 지식 상태에서 최소량의 노동과 육체적 금욕으로 최대량의 필수품, 편의, 사치품을 획득할 수 있는 일을 변함없이 행하는 존재라는 자의적 정의를 전제로 한다."(Mill 4, 326쪽) 경제적 인간 개념을 발명했을 때 밀은 그것이 일자리에 관계될 때 우리 모두가 경제 합리화로 알고 두려워하는 것을 설명하는 것뿐이라고 믿었다. 여기서는 "비용을 최소화하면서 동시에 이익을 극대화하는 것"이 "철학"이다. 이 최소최대의 합리성이 무엇을 의미하는지, 그리고 구체적 행위 상황에서 어떤 문제들을 일으키는지를 그사이 우리에

게 가르쳐 준 것이 합리적 결정 이론과 게임 이론이다.(Nida-
Rümelin 1994 참조)

한편 막스 베버는 사회적 현실에서는 경제 모델로 만족
스럽게 기술될 수 없는 합리화 과정이 일어난다는 점을 인
식했다. 그가 서구의 특별한 합리화의 역사를 예로 들어 입
증했듯이 합리화 과정은 생활 형태와 세계상에 관계되기 때
문이다. 이러한 것을 보다 정확하게 파악하려고 시도하면서
베버는 행위 합리성에 관한 사회학적 이론의 시조가 되었
다. 그 이후로 그의 용어 "합목적적 합리성"—대개 "도구적
합리성"(호르크하이머)이라는 논쟁적인 약어로 사용됨—은 모
든 사람의 입에 오르내렸고, 이 용어가 의미하는 것이 대체
로 합리성으로 간주되었다. 1920년대 이후 광범위한 문화비
판적 문헌들이 합리성에 대한 비판적 애도와 함께 주시하던
것이 바로 그것, 즉 본질적으로 경제적이 아니라 기술적이
며 관료적인 합리화와 그 개탄스러운 결과인 "관리된 세계"
(아도르노)였다. 막스 베버에 관한 한 그가 가치 합리적 행위
외에도 감정적 행위와 전통적 행위를 합리적 행위의 형태로
거론했다는 사실(Weber 2002, 673쪽 이하 참조)은 대개 간과되어
왔다. 따라서 '합리성'이라는 주제를 합목적적 합리성으로
환원시킬 수는 없다.

행위 합리성이 합목적적 합리성으로 소진되지 않는다는 사실은 베버가 학문론에 관한 그의 저술에서 논구했던 문제로부터 비롯되었다. 그것은 사회적 행위 일반을 어떻게 학술적으로 파악할 수 있는가에 관한 문제였다. 사회적 행위는 단순한 동물적 행위와 분명히 다르다. 여기에는 행위자들이 자신의 활동과 결합시키는 "주관적 의미"라고 부를 만한 무언가가 작동하기 때문이다.(앞의 책 653쪽) 그러나 바로이 주관적 행위의 의미가 인간들이 다른 식이 아니라 그렇게 행위하는 동기와 관계된다. 그리고 어떤 것을 동기로부터 설명하는 것은 그것을 합리적으로 설명하는 것과 동일하다. 따라서 감정적 행위와 전통적 행위에서도 합리적 행위형태가 중요하다. 이렇게 해서 막스 베버는 합리적 행위 설명이라는 사회학적 이론의 창시자가 되었다. 물론 어떤 것을 동기로부터 설명하려면 행위의 주관적 의미를 규정하는 그러한 동기를 이해해야 한다. 동시에 행위가 실제로도 그러한 동기들로 인해 일어났음을 보여줄 수 있어야 한다. 이것이 베버의 유명한 정의를 낳았다. "사회학은 […] 사회적 행위를 해석적으로 이해하고, 이를 통해 그 경과와 작용을 인과적으로 설명하고자 하는 학문을 의미해야 한다."(앞의 책) 이해사회학의 이러한 구상의 토대는 앞서 언급한 행위 이론적 이념형, 즉 사유적으로 구성된 순수한 행위의 형태이다. 사회학자는 이를 척도로 하여 일탈의 정도에 따라 실제 사회적 행위를 보다 정확하게 규정하고 설명하려 한다. 회의론자들은 대체로 이와 같은 것이 가능하다는 점을 의심한다. 인과적 설명만이 과학적이라고 간주될 수 있기 때문이다. 그 후 회의론자들은 행위의 학문에서 이해를 추방하고 이를 순수 행동·과학으로 운용하려고 거듭 시도해 왔는데, 이에 관한 논쟁은 오늘날까지 끝나지 않고 있다.

베버의 행위 합리성 구상은 위르겐 하버마스(1929년~)에 의해 더욱 발전되었다. 하버마스는 『의사소통 행위 이론 kommunikativen Handelns』(1981)에서 도구적, 전략적, 의사소통적 합리성을 구별하고 행위 합리성의 실제 복잡성을 밝히려고 했다. 이 거대한 계획에 대해 강력한 경쟁자로 떠올랐던 것이 니클라스 루만(1927~1998년)의 사회학적 체계 이론이다. 루만의 체계 이론은 이전까지의 이론 구성과는 완전히 다른 시각의 변화를 가져왔다. 여기서 합리성은 더 이상 행위하는 주체의 능력이나 역량이 아니라 체계의 기능으로 파악된다. 체계는 그 환경으로부터의 자발적 구획을 통해 자신을 유지하고 재생산한다.(Horster, 특히 19쪽 이하 참조) 이 이론에서는 더 이상 인간이 존재하지 않는다.(Luhmann 67쪽 이하 참조) 인간이 언급될 때에도 단지 물리적, 심리적 체계로, 또는 그 사회학적 체계 이론이 직접 다루지 않는 사회 환경의 부분들로 언급될 뿐이다.(Luhmann 288쪽 이하 참조)

이해할 수 있는 행위의 속성이라는 베버적 합리성 이해는 또한 철학자들과 민족학자들 사이에서 "합리성"이라는 표제하에 낯선 문화의 이해 가능성을 둘러싸고 진행된 논쟁을 규정했다.(Wilson; Hollis/Lukes) 민족학자는 자신의 문화적 세계상을 다른 문화 안에 투사할 위험을 안고 있다는 통찰이 언어 상대주의와 유사하게 민족학적 상대주의라는 논제를 시사했고, 그럼으로써 민족학의 과학성 자체를 위협했다. 여기에도 기묘한 점이 있다. 이 토론에 참가한 사람들은 어떤 민족의 경우는 모든 것이 완전히 다르며 우리에게 이해되지 않는다고 거듭 주장하면서도 그곳은 실제로 어떠한지에 대해 설명했던 것이다. 그럼에도 불구하고 그 후 이방인의 해석학은 더 이상 '합리성'이라는 이름 아래 있지는 않더라도 철학적 의제에서 사라지지는 않았다.

합리성을 언급해야 할 또 다른 맥락은 과학론이다. 과학론은 물론 철학에 속하지만, 전통적 철학자들에 의해 종종 주변적이고 단순한 "기초 학문"으로 절하된다. 1920년대와 1930년대에 빈학파에서 그 현대적 형태가 등장한 이후로 과학론에서는 과학적 합리성의 규명과 보장이 중요했다. 그리고 이는 오늘날의 시각에서 자신 있게 비합리주의적이라고 부를 만한 문화적 풍토에서 나타났다. 니체와 생철학의 호황기, 죽었다고 믿었던 형이상학의 새로운 소환, 또 기술적, 경제적으로 합리화된 문화에 대한 일반적인 불쾌감이 합리성에 대한 일반적 비판에 대해서만이 아니라 과학론자들에게 도전해야 했던 단호한 과학적 회의에 대해서도 강력한 반향을 불러일으켰다. 과학론자들의 과학적 합리성 방어는 당연히 계몽의 방어로 이해되었다. 뒤이은 시기에 그것이 인상적인 자기비판과 항상 연결되었기에 더욱 그러했다. 그러나 바로 이것이 방어자들 자신의 울타리 안에서 그들의 적이 성장한 이유다. 말하자면 토머스 S. 쿤과 폴 K. 파이어아벤트 같은 철학적 과학사가들이 발견한 과학 발전 이론의 "합리성의 틈"(Stegmüller II, 178)이다. 무엇보다도 카를 R. 포퍼가 『탐구의 논리Logik der Forschung』(1934)와 수많은 후기 저작에서 대변했던, 과학의 길은 처음부터 "시행착오"를 통한 인식의 항상적 진보 과정이었다는 생각은 이제 과학사를 통해 완전히 반박된 듯 보였다. 포퍼는 "비판적 검토"의 방법을 과학적 합리성의 기초로 제시했다. 하지만 합리성의 전통적인 척도이자 보증인이었던 과학조차 실제로는 대개, 기존

이론의 비판적 검토와는 전혀 다른 방식으로 발전해 온 완전히 비합리적인 사업으로 밝혀진다면, 사방이 포위된 합리성은 이제 어디에서 도피처를 찾을 수 있을까?

이성의 통일

합리성에 대한 다양한 구상들 역시 실제로는 기능적 이성의 형태들이다. 그리고 그들이 보여주는 용어의 변화는 이성 개념 변화에서의 이 잠정적인 마지막 발걸음 역시 이성의 자기비판 때문에 나타났다는 것을 다시 한 번 입증한다. 그것은 우리가 현대에서 이성적 동물의 합리성을 더 이상 전통적 철학과 철학에 근접한 학문의 수단들로만 설명할 수 없음을 분명히 한다. 현대 세계는 다수의 생활양식, 행위 맥락, 전문가 문화와 함께 너무나 복잡해졌다. 따라서 무엇이 각기 이성적 또는 합리적으로 작용하거나 작용할 수 있는지에 관해 기술하고 판단하는 것이 관건일 때 관습적 이성 철학의 규준은 더 이상 실마리로서 충분치 않다. 그러므로 다양한 합리성 이론들에는 항상 특정한 기능적 맥락들이 주어져 있으며, 각기 그로부터 출발하게 된다.

경제적 합리성 이론은 이념형적으로 파악된 경쟁 및 시장 경제를 배경으로 작동하며, 불안정성이나 위험과 같은 차선의 조건하에서의 결정 상황도 분석한다. — 막스 베버의 합리적 행위, 즉 각각의 "주관적 의미"로부터 이해될 수 있는 행위의 유형은 근대 사회를 전제로 한다. 근대 사회의 특징은 모든 생활 영역에서 합목적적 합리성이 관철되는 경향이 있다는 것이다. — 이것이 말하자면 서구적 근대다. 여기서 보면 목적 합리성이 왜 이념형으로 나타나는지 이해할 수 있게 된다. 가치 합리적, 감정적 또는 전통적 행위의 합리성은 이념형에서 측정되어 근대적 행위 합리성 일반의 단순한 등급으로 나타나야 한다. — 하버마스의 도구적, 전략적, 의사소통적 합리성 3화음은 막스 베버의 기획을 비판적으로 연장한 결과다. 이는 합목적적 합리성이 사회적 행위에 관한 최종 결정이 될 수 없다는 테제를 따른다. 사회는 성공적인 의사소통 행위의 토대 위에서만 존속할 수 있기 때문이다.(Habermas 1981 I, 특히 369쪽 이하 참조) — 루만의 체계 합리성 구상은 "체계들이 존재한다"라는 테제를 출발점으로 취하며(Luhmann 30쪽), 그 후 체계들의 존속 조건을 분석함으로써 전통적인 사회학적 행위 이해를 혁명화하려 한다. — 마지막으로 과학적 합리성에 대한 질문 또한 관습적인 체계 과학적 모델에 대하여 연구 과학적 모델이 관철되었던 근대 과학사를 배경으로 해서만 이해되고 답변될 수 있다. — 여기서는 현대적 합리성 구상 목록 중 특히 빼어난 것들만 뽑아냈는데, 이 목록은 원하는 대로 늘릴 수 있다. 그렇다면 기술적, 도덕적, 미학적, 심지어 신화적 합리성도 언급되어야 할 수도 있다. 그리고 실제로 스물한 가지나 되는 서로 다른 합리성 유형이 구별된 적도 있었다.(Lenk 11쪽 이하 참조) 이것이 오늘날 이성 철학에 대해 의미하는 것은 무엇일까? 왜 이성 철학은 이러한 다원주의를 그냥 내버려두면 안 될까?

철학에 관심 있는 우리가 이성의 통일성 문제를 그냥 내버려둘 수 없기 때문이다. 무엇이 합리적인지 아닌지에 관해 각기 관심을 갖는 모든 다양한 맥락들이 그 자체의 분리된 토대 위에 서 있는 것이 아니며, 궁극적으로 우리가 인간으로서 상이한 생활 및 행위 영역에서 할 수 있는 것에 항상 관계되기 때문이다. 이를 확인하는 것이 철학이다. 그러므로 현대적 이성 철학은 오직 합리성에 관한 포괄적 이론으로서 등장할 수 있으며 이성적 동물의 인간학과 다시 연결되어야만 가능할 것이다. 이 논증을 따른다면 루만의 체계 합리성 구상은 고전적 이성 철학의 계승자 공동체에서 제외된다. 루만의 무주체적 합리성의 이해는 자연스레 은유적 오류의 결과로 볼 수 있다. 이 오류는 "컴퓨터의 사유" 또는 "자동판매기의 행위"라고 말할 때에도 나타난다. 체계 합리성이라는 착상은 분명히 이성 개념의 역사에 더 이상 속하지 않는다.

그러나 우선 중요한 것은 "다양한 합리성"을 먼저 각각의 고유한 의미에서 이해하는 것이다. 합리적인 것에 관한 분화된 해석학이 첫 번째 발걸음이다. 예컨대 결정 이론이나 게임 이론적 문제들만 다루는 사람은 자신이 좇는 합리성의 기준을 시야에서 쉽게 놓쳐버린다. 그러나 그때 다양한 합리성 형태에 대한 개관이 필요한데, 이는 현상 분야의 복잡성으로 인해 막스 베버의 의미에서 유형학적 수단을 사용해야만 성공할 수 있다. 행위 합리성 분야에서처럼 합리성 일반의 영역에서도 언제나 이념형, 즉 사상적으로 고안된 합리성의 "순수한" 형태로만 지향하는 목적을 위해 작업할 수 있으며, 그렇게 해서 "합리성 유형들"에 도달한다.(Schnädelbach 2000, 256쪽 이하 참조) 현대의 합리성 다원주의를 마주하여 우리는 이 합리성의 유형들 덕분에 이성의 통일이라는 필수 불가결한 이념을 완전히 잃어버리지 않을 것이라고 기대할 수 있게 되었다. 나아가 이러한 다양한 합리성의 유형들이 서로 어떻게 연관되는지, 또는 특정한 문제 상황 일반에서 서로 어떻게 관계될 수 있는지를 명확히 하는 것이 중요하다. 기술적 합리성에 대한 질문에는 원자력 이용에 관한 논의에서 볼 수 있는 것처럼 대개 경제적, 정치적 측면도 있다. 따라서 여기서는 대체로 문제 영역의 다양성에 대응하기 위해 우선 이념형적 모델들을 가지고서만 작업할 수 있다.

물론 합리성의 유형들을 이성적 동물의 인간학과 다시 연결하는 것만으로는 '다양한 합리성'을 통일하기에 충분치 않다. 그러나 더 복잡한 합리성 유형들이 각기 더 단순한 유형을 포괄한다는 것을 보여줄 수는 있다. 예를 들어, 기술적 합리성은 도구적 유형의 특수한 사례이고, 경제적 합리성은 전략적 유형의 특수한 형태이다. 물론 다른 모든 상위의 합리성 맥락이 기능하도록 하는 기초는 이해성으로서의 합리성이다. 존재들이 언어와 상징의 사용을 매개로 하여 서로 소통할 수 있다는 점은 다른 모든 복잡한 합리적 인간 행동 형태의 기본 조건이다. 그리고 이것이 "합리적"이라는 술어의 문자 그대로의 사용과 단순한 은유적 사용 사이의 경계를 정의한다. 이미 아리스토텔레스는 인간만이 로고스를 가지고 있다고 생각했으며, 이는 이성과 언어를 동시에 의미하는 것이었다. 근대 철학이 순수한 의식 철학의 패러다임에서 이러한 통찰로 돌아오는 데는 오랜 시간이 걸렸다. 퍼스와 비트겐슈타인을 통해서든 카시러를 통해서든 말이다. 카시러는 우리가 상징적 동물animal symbolicum의 인간학을 갖게 해주었다.(Cassirer 1944 참조) 이 종의 개체들만이 이해할 수 있고 자신을 이해하게 만들 수 있다. 그리고 인식과 행위가 관건일 때 그들만이 근거를 활용한다. 이것이 바로 이성적 동물의 합리성이 주로 의미했던 것이다. 물론 이 생물은 근거 세우기 이외의 다른 합리적 능력들도 활용한다. 그러나 이 역량들은 모두 이해하기와 자신을 이해할 수 있게 만드는 능력, 즉 "의사소통 능력"에 기반을 둔다.(Habermas)

그러나 합리성의 유형론은 결코 완전한 이론의 형상을 취할 수 없을 것이다. 왜냐하면 여기서는 단순한 논증으로 완전함을 배제할 수 있기 때문이다. 합리성의 다양한 형태들이 항상 그 각각의 맥락을 배경으로 해서만 이해될 수 있고, 그 후 이념형적으로 재구성될 수 있다고 상정해 보자. 이것이 맞는 말이라면 여기서는 다른 형태의 합리성이 항상 전제된다. 이 다른 형태를 적용하며 따르는 사람은 동시에 그것을 주제로 삼을 수 없다. 이것이 가능한 경우는 다시 다른 형태의 합리성을 끌어들이면서도 거기서 그것을 주제로 삼지 않을 때뿐이다. 모든 합리성 이론의 이러한 불완전함은 아마도 피할 수 없는 대가일 것이다. 그 안에 이성적 동물 자신이 있으면서 그의 합리성을 탐구하기 때문에 그것을 결코 완전하게 객관화할 수 없는 것이다. 이러한 논리적 구성 요건이 '이성'이 변화를 허용하는 열린 구상이 되게 한 체계적 원인이라고 추정할 수 있다. 오직 이 때문에 이성 개념 일반 역시 역사를 가지며, 그 역사 속에서 이성 자체가 자신의 역사성을 이해할 수 있는 것이다.

약어와 인용 문헌

■ 약어

Abh – René Descartes, Abhandlung über die Methode (übers. von A. Buchenau), Hamburg 1922/1957ff.

Anthr – Immanuel Kant, Anthropologie in pragmatischer Hinsicht

Apol – Platon, Apologie

De an – Aristoteles, Über die Seele

EWL – Johann Gottlieb Fichte, Erste Einleitung in die Wissenschaftslehre, Hamburg 1920/1954ff.

FR – Fragment

GWL – Johann Gottlieb Fichte, Grundlage der gesamten Wissenschaftslehre

HWP – Historisches Wörterbuch der Philosophie, Basel/Darmstadt 1971ff.

Krit – Platon, Kriton

KrV – Immanuel Kant, Kritik der reinen Vernunft

MAN – Immanuel Kant, Metaphysische Anfangsgründe der Naturwissenschaft

Med – René Descartes, Meditationen über die Erste Philosophie (übers. von A. Buchenau), Hamburg 1914/1957ff.

Met – Aristoteles, Metaphysik

Mon – Georg Wilhelm Leibniz, Monadologie

NE – Aristoteles, Nikomachische Ethik

Nom – Platon, Nomoi

Phaid – Platon, Phaidon

Phaidr – Platon, Phaidros

Phil – Philipperbrief

Pol – Aristoteles, Politik

Princ – René Descartes, Die Prinzipien der Philosophie (übers. von A. Buchenau), Leipzig 1908

Prol – Immanuel Kant, Prolegomena zu einer jeden künftigen Metaphysik, die als Wissenschaft wird auftreten können

Resp – Platon, Der Staat

SuZ – Martin Heidegger, Sein und Zeit, Tübingen 1927

TG – Immanuel Kant, Träume eines Geistersehers

Theait – Platon, Theätet

ZeF – Immanuel Kant, Zum ewigen Frieden

▪ 인용 문헌

Apel/Kettner – Karl – Otto Apel / Matthias Kettner, Die eine Vernunft und die vielen Rationalitäten, Frankfurt a. M. 1996

Assmann – Jan Assmann, Die Mosaische Unterscheidung oder der Preis des Monotheismus, München 2003

Bacon – Francis Bacon, Das Neue Organon, Berlin 1962

Blumenberg 1974 – Hans Blumenberg, Säkularisierung und Selbstbehauptung, Frankfurt a. M.

Blumenberg 1987 – Hans Blumenberg, Das Lachen der Thrakerin, Frankfurt a. M.

Bormann – Karl Bormann, Platon, Freiburg/München 1973

Capelle – Wilhelm Capelle, Die Vorsokratiker, Stuttgart 1968

Cassirer 1923 – 29 – Ernst Cassirer, Philosophie der symbolischen Formen, 3 Bände, 9. Aufl., Darmstadt 1988

Cassirer 1944 – Ernst Cassirer, Essay on Man, dte. Ausg.: Versuch über den

Menschen (übers. von R. Kaiser), Frankfurt a. M. 1990

Davidson – Donald Davidson, Was ist eigentlich ein Begriffsschema?, in: ders., Wahrheit und Interpretation (übers. von J. Schulte), Frankfurt a. M. 1986, 261ff.

Dilthey – Wilhelm Dilthey, Der Aufbau der geschichtlichen Welt in den Geisteswissenschaften (hg. von M. Riedel), Frankfurt a. M. 1970

Dummett – Michael Dummett, Ursprünge der analytischen Philosophie (übers. von J.Schulte), Frankfurt a. M. 1988

Eisler – Rudolf Eisler, Kant-Lexikon(1930), Hildesheim 1964

Feuerbach – Ludwig Feuerbach, Grundsätze der Philosophie der Zukunft (1843), in: ders. Kleine Schriften, Leipzig o. J., 79ff.

Flasch 1986 – Kurt Flasch, Das philosophische Denken im Mittelalter, Stuttgart

Flasch 1989 – Kurt Flasch, Aufklärung im Mittelalter? Die Verurteilung von 1277. Das Dokument des Bischofs von Paris, übers. und erklärt von K. F., Mainz

Gadamer – Hans – Georg Gadamer, Wahrheit und Methode, 2. Aufl., Tübingen 1965

Gipper – Helmut Gipper, Gibt es ein sprachliches Relativitätsprinzip? Untersuchungen zur Sapir-Whorf-Hypothese, Frankfurt a. M. 1972

Gosepath – Stefan Gosepath, Aufgeklärtes Eigeninteresse. Eine Theorie theoretischer und praktischer Rationalität, Frankfurt a. M. 1992

Habermas 1968 – Jürgen Habermas, Erkenntnis und Interesse, in: ders., *Technik und Wissenschaft als "Ideologie"*, Frankfurt a. M.

Habermas 1981 – Jürgen Habermas, Theorie des kommunikativen Handelns, 2 Bände, Frankfurt a. M.

Hamann – Johann Georg Hamann, Schriften zur Sprache (eingel. von J. Simon), Frankfurt a. M. 1967

Hegel – Georg Wilhelm Friedrich Hegel, Werke in 20 Bänden (Theorie Werkausgabe), Frankfurt a. M. 1969ff.

Heimsoeth – Heinz Heimsoeth, Die sechs großen Themen der abendländischen Metaphysik und der Ausgang des Mittelalters, 4. Aufl., Darmstadt 1958

Herder – Johann Gottfried Herder, Sprachphilosophische Schriften (ausgew. und eingel. von E. Heintel), Hamburg 1960

Hollis/Lukes – Martin Hollis / Steven Lukes (Hg.), Rationality and Relativism, Oxford 1982

Horkheimer – Max Horkheimer, Zur Kritik der instrumentellen Vernunft (hg. von A. Schmidt), Frankfurt a. M. 1967

Horster – Detlef Horster, Niklas Luhmann, München 1997

Hossenfelder – Malte Hossenfelder, Einleitung zu: Sextus Empiricus, Grundriß der gesamten Skepsis, Frankfurt a. M. 1968

Humboldt – Wilhelm von Humboldt, Werke in fünf Bänden, Darmstadt 1963

Ilting – Karl Heinz Ilting, Hobbes und die praktische Philosophie der Neuzeit, in: Philosophische Rundschau 72 (1964), 84ff.

Lenk – Hans Lenk, Typen und Systematik der Rationalität, in: ders.(Hg.), Zur Kritik der wissenschaftlichen Rationalität, Freiburg/München 1986, 11ff.

Lichtenberg – Georg Christoph Lichtenberg, Aphorismen (hg. von M. Rychner), Zürich 1947

Locke – John Locke, Über den menschlichen Verstand (übers. von C. Winkler), Berlin 1962

Luhmann – Niklas Luhmann, Soziale Systeme. Grundriß einer allgemeinen Theorie, Frankfurt a. M. 1984

Mansfeld – Jaap Mansfeld (Hg.), Die Vorsokratiker, 2 Bände, Stuttgart 1983/1999

Martin – Gottfried Martin, Sokrates in Selbstzeugnissen und Bilddokumenten, Reinbek 1967

Marx K – Karl Marx, Das Kapital, Band I, Berlin 1953

Marx L – Karl Marx, Die Frühschriften (hg. von S. Landshut), Stuttgart 1953

Mill – John Stuart Mill, Collected Works, Toronto 1967

Mittelstraß – Jürgen Mittelstraß, Neuzeit und Aufklärung, Berlin / New York 1970

Nestle – Wilhelm Nestle, Vom Mythos zum Logos, Stuttgart 1940

Nida-Rümelin – Julian Nida-Rümelin, Praktische Rationalität. Grundlagenprobleme und ethische Anwendungen des rational-choice-Paradigmas, Berlin / New York

1994

Nietzsche – Friedrich Nietzsche, Werke in drei Bänden (hg. von K. Schlechta), 2. Aufl. München 1960

Oehler – Klaus Oehler, Die Lehre vom Noetischen und Dianoetischen Denken bei Platon und Aristoteles, 2. Aufl., Hamburg 1985

Pieper – Josef Pieper, Scholastik. Gestalten und Probleme der mittelaterlichen Philosophie, München 1960/1978

Plessner – Helmuth Plessner, Diesseits der Utopie. Ausgewählte Beiträge zur Kultursoziologie, Frankfurt a. M. 1974

Pohlenz – Max Pohlenz (Hg.), Stoa und Stoiker, 2. Aufl., Zürich/Stuttgart 1964

Popper – Karl R. Popper, Die offene Gesellschaft und ihre Feinde, Bd. I: Der Zauber Platons, Bern 1957, insb. 43ff.

Schadewaldt – Wolfgang Schadewaldt, Die Anfänge der Philosophie bei den Griechen, Frankfurt a. M. 1978

Schäfer 1993 – Lothar Schäfer, Das Bacon-Projekt, Frankfurt a. M. 1993

Schäfer 2005 – Lothar Schäfer, Das Paradigma am Himmel. Platon über Natur und Staat, Freiburg/München

Schelling – F. W. J. Schelling, Das Wesen der menschlichen Freiheit, hg. und eingel. von H. Fuhrmans, Düsseldorf 1950

Schiller – F. C. S. Schiller, Plato or Protagoras?, Oxford 1908

Schnädelbach 1983 – Herbert Schnädelbach, Philosophie in Deutschland 1831– 1933, Frankfurt a. M.

Schnädelbach 1985/2003 – Herbert Schnädelbach, Art. "Philosophie", in: Ekkehard Martens / Herbert Schnädelbach (Hg.), Philo sophie. Ein Grundkurs, 7. Aufl., Reinbek, 37ff.

Schnädelbach 1999 – Herbert Schnädelbach, Hegel zur Einführung, Hamburg

Schnädelbach 2000 – Herbert Schnädelbach, Philosophie in der modernen Kultur. Vorträge und Abhandlungen 3, Frankfurt a. M.

Schopenhauer – Arthur Schopenhauer, Werke in zehn Bänden, Zürich 1977

226

Stegmüller – Wolfgang Stegmüller, Probleme und Resultate der Wissenschaftstheorie und Analytischen Philosophie, Berlin / Heidelberg / New York 1973

Topitsch – Ernst Topitsch, Vom Ursprung und Ende der Metaphysik, Wien 1958

Vernant – Jean – Pierre Vernan, Die Entstehung des griechischen Denkens (übers. von E. Jacoby), Frankfurt a. M. 1982

Weber 2002 – Max Weber, Schriften 1894–1922 (hg. von D. Kaesler), Stuttgart

Weber 2004 – Max Weber, Die Protestantische Ethik und der Geist des Kapitalismus (hg. und eingel. von D. Kaesler), München 2004

Weischedel – Wilhelm Weischedel, Der Gott der Philosophen. Grundlegung einer philosophischen Theologie im Zeitalter des Nihilismus, 2 Bände. Darmstadt 1971 – 72/1998

Wilson – Bryan R. Wilson (Hg.), Rationality, Oxford 1970

논평된 참고 문헌 – 역사적 논문들은 제외

Artikel 'Vernunft; Verstand', in: Historisches Wörterbuch der Philosophie, Basel/
Darmstadt 1971ff. Band 11, Sp. 748-863. [고대에서 현대까지의 전체 개념 분야를
다루는 여러 부분으로 이뤄진 폭넓은 개괄적 항목. 보충하고 싶다면 'Logos'(HWP Band
5, Sp. 491-499), 'Ratio'(Band 8, Sp. 37-40) 그리고 'Rationalität, Rationalisierung'(앞의 책, Sp.
52-66) 항목도 참조하라.]

Herbert Schnädelbach, Artikel 'Vernunft', in: Ekkehard Martens/Herbert
Schnädelbach(Hg.), Philosophie. Ein Grundkurs, 7. Aufl., Reinbek 2003, 77ff.(다양
한 내적, 외적 개념 대조를 사용하여 문제 영역을 체계적으로 기술함.)

Ders. (Hg.), Rationalität. Philosophische Beiträge, Frankfurt a. M. 1984.('합리성의
유형들', '과학적 합리성', '행위 합리성', '합리성과 합리화' 등의 주제에 관한 입문적 개관을 갖춘 중
요한 기고문들)

Ders., Rationalitätstypen, in: Ethik und Sozialwissenschaften 9(1998), Heft 1,
79-164.(Schnädelbach 2000, 256쪽 이하에 게재된 동명 논문의 첫 번째 판본. 부분적으로는 매우
비판적인 31개의 논평과 반론이 함께 실려 있고, 저자의 답변이 이어진다.)

Ders., Vernunft und Geschichte. Vorträge und Abhandlungen, Frankfurt a. M.
1987.(이성의 역사성과 언어성 문제에 관한 연구)

Ders., Zur Rehabilitierung des animal rationale. Vorträge und Abhandlungen 2,
Frankfurt a. M. 1992.(제목의 논문에서 급진적 이성 비판의 비판이 이뤄지며, 그 후 "합리성 이
론으로서의 철학" 프로젝트로 나간다.)

Karen Gloy (Hg.), Rationalitätstypen, Freiburg/München 1999.(주변적 합리성 형태들
도 관찰에 포함한 많은 시사점을 주는 개관서)

Hans Albert, Kritische Vernunft und menschliche Praxis, Stuttgart 1977.(비판적 합

리주의의 관점에서 이성을 주제로 한 대표적 연구들을 선정)

Nicholas Rescher, *Rationalität. Eine philosophische Untersuchung über das Wesen und die Begründung der Vernunft*(übers. von A. Wüstehube), Würzburg 1993.(합리성은 "적절한 목표의 지적 추구"라는 논제를 따르는 근본적인 규범적 이론에 "다수의 합리성"을 통합하려는 시도)

Axel Wüstehube, *Pragmatische Rationalitätsdebatte*, Würzburg 1995.(레서Rescher 등과 같이 이성과 행위의 내적 연관에서 출발하는 이론적 접근법들의 개괄적 모음집)

Petra Kolmer / Harald Korten (Hg.), *Grenzbestimmungen der Vernunft. Philosophische Beiträge zur Rationalitätsdebatte*, Freiburg/München 1994.(이 책에 기고된 글들은 당시 독일어권 토론 상황의 대표적 단면을 보여준다. 그리고 피被헌정자 한스 미하엘 바움가르트너의 상세한 답변이 이어진다.)

Stefan Gosepath (Hg.), *Motive, Gründe, Zwecke. Theorien praktischer Rationalität*, Frankfurt a. M. 1999.(광범위하고 매우 교훈적인 서문으로 이뤄진, 현대의 토론을 대변하는 텍스트 모음집)

Wolfgang Welsch, *Vernunft. Die zeitgenössische Vernunftkritik und das Konzept der transversalen Vernunft*, Frankfurt a. M. 1995.(이성 개념의 내적 복수화를 실마리로 현대 이성 비판의 수많은 형태를 포괄적으로 서술한 후 "횡단하는", 즉 경계를 넘어서는 이성 모델을 통해 다양성 속에서 통일성을 지키려는 시도를 이어간다.)

Julian Nida-Rümelin, *Strukturelle Rationalität. Ein philosophischer Essay über praktische Vernunft*, Stuttgart 2001.(현대의 의사 결정 이론과 게임 이론 관점에서 실천이성의 문제에 관한 주요 연구들을 결합)

Jon Elster, *Subversion der Rationalität*, Frankfurt a. M. 1987.(경제적 합리성의 문제와 한계에 관한 고전)

핵심 개념들

a priori선험적 - a posteriori후험적

문자 그대로의 의미는 "이전부터/이후부터"이며, 경험과 관계된다. 선험적인 것은 경험 이전에 경험과 무관하게 독립적으로 유효하다. 반면 후험적인 것은 경험에 좌우된다.

analytisch분석적 - synthetisch종합적

판단과 관계된다. 분석적 판단은 주관적 표현에 이미 담겨 있는 것을 설명하는 반면, 종합적 판단은 거기에 새로운 규정을 추가한다.

Antinomie이율배반

두 가지 판단이 모두 잘 정립되어 있음에도 서로 모순되는 상태.

Aporie아포리아

그리스어 póros에서 유래. 길 - 사상적으로 출구가 없는 상태.

Arché아르케

그리스어 árchein에서 유래. 시작하다, 제1이 되다, 지배하다. 초기 철학자들은 만물의 근원과 실체로 여겼다.

Dogmatismus독단주의

칸트 이후 증명되지 않은 주장에 만족하는 철학적 자세를 가리키는 확고한 표현.

Empirismus 경험주의

우리의 모든 지식은 경험(그리스어 empeiría)에 근거하고 있다는 확신.

epistéme 에피스테메

플라톤과 아리스토텔레스에 따르면 학문적 지식을 위한 능력, 그리고 이러한 지식 자체.

epoché 판단중지

고대의 회의주의에서뿐 아니라 에드문트 후설에게서도 최종 판단의 중지.

hermeneutisch 해석학적

텍스트의 설명과 해석에 관계되는.

Idealismus 관념론

형이상학적 입장으로서의 이상주의는 사물의 본질은 오직 관념적이라고, 즉 순수한 사유의 수단으로만 파악될 수 있다고 가르친다. 반대로 인식본적 관념론은 세계에 대한 우리의 지식은 사실 우리가 우리 안에서 발견하는 표상들(ideae, ideas, idée)로만 온전하게 구성된다고 주장한다.

instrumentell 도구적/strategisch 전략적/kommunikativ 의사소통적

하버마스에 따르면 합리적 행위에는 세 가지 유형이 있는데, 그중 도구적, 전략적 행위는 기술 및 사회 영역에서 성과 지향적인 반면, 의사소통적 행위는 합의를 추구한다.

intuitiv 직관적/diskursiv 추론적

직접적으로 명백한 인식과 근거 또는 논증에 의거하는 인식 사이의 차이점을 가리킨다.

kognitiv 인지적

인식과 관계되는.

lógos로고스

그리스어로, 원래는 말해진 것을 뜻했다. 그 후 단어, 사상, 근거 그리고 인간과 관계된 것, 즉 이성과 언어를 의미한다.

Metaphysik형이상학

그리스어 어의에 따르면 아리스토텔레스의 저작 순서 중 물리학 다음으로 나온 것으로, 곧 우리가 순수한 사유로만 파악할 수 있는 초자연적인 것에 관한 지식의 총체가 된다.

noëtisch순수 지성적/dianoëtisch추론적

intuitiv직관적/diskursiv추론적 항목을 참조하라.

noûs누스/diánoia다아노이아

순수 지성적 혹은 추론적으로 사유하고 인식하는 인간의 능력.

phrónesis프로네시스[흔히 실천적 지혜로 옮겨짐 - 옮긴이]

아리스토텔레스에 따르면 지혜, 즉 독특한 상황에서 올바르게 결정하는 능력.

phýsis퓌시스

그리스어 어의(phýomai - 나는 자라게 한다)에 따르면, 우리의 관여 없이 존재하고 움직이고 생겨나고 소멸하는 모든 것으로서의 본성.

Polis폴리스

그리스의 공동체. 하지만 국가와 사회가 근대적으로 구별되지는 않았다. 따라서 "도시국가"라는 통상적 번역은 부적절하다.

propositional명제적/prozedural절차적

과학의 특성과 관계된다. 본질적으로 과학은 정립된 명제와 이론을 통해 규정되는가, 아니면 절차와 방법을 통해 규정되는가?

ratio라티오 - intellectus인텔렉투스

누스noûs/디아노이아diánoia에 해당하는 라틴어 단어로, 중세 후기에 이르러서야 이 단어들로 교체되었다. 마이스터 에크하르트[요하네스 에크하르트(1260년~1327년 경). 독일의 신비주의 철학자, 신학자 - 옮긴이] 이래 '라티오'는 일반적으로 '이성'으로, '인텔렉투스'는 '지성'으로 번역되어 왔다.

Rationalismus합리주의

경험주의에 반대되는 인식론적 입장 중 가장 중요한 인식은 이성(라티오) 자체에서 나온다고 주장한다.

Scholastik 스콜라철학

7~15세기 라틴 중세 시대의 철학적-신학적 지식 문화의 총칭으로 거의 전적으로 성직자들이 담당했다. 그 명칭은 그 장소가 수도원 학교(라틴어 schola)와 초기 대학이었음을 보여주며, 고대 철학을 전유했다는 의미에서 훌륭한 학습 과정으로서의 특성을 나타내기도 한다.

Skepsis회의/Skeptizismus회의주의

그리스어 'sképtomai - 나는 검사하듯 주위를 둘러본다'의 근본적 의미에 기초한 의심하는 기본 자세. 이는 회의주의에서 우리는 아무것도 확실히 알 수 없다는 확고한 확신이 된다.

sophía소피아

그리스어에서는 원래 모든 종류의 특별한 지식과 능력을 말한다. 아리스토텔레스에게는 누스noûs와 에피스테메epistéme의 결합으로, 이론적 지식의 최고 형태다.

Sophistik소피스트 학파

기원전 5세기 고대 그리스에서 일어난 교육 및 계몽 운동. 교사로서 소피아, 말하자면 일상에서 사용할 수 있는 특별한 지식과 능력을 제공할 수 있는 남성들, 즉 "소피스트"들이 담당했다. 무엇보다도 웅변술과 관계되었다. 소피스트들은 플라톤에게 진정한 철학의 적으로 보인다.

spekulativ사변적

라틴어 'speculor - 나는 본다, 관찰한다'에서 유래. 감각 능력의 개입 없이 전적으로 정신적 통찰에만 의거한다고 주장하는 인식.

téchne테크네

아리스토텔레스에 따르면 무언가를 생산하는 방법에 관한 일반적 지식. 대개 지도적 건축가를 사례로 설명된다. 라틴어에서는 'ars'로 표현된다.

teleologisch목적론적

세계의 사물과 사건들을 합목적적인 것(그리스어 télos - 목표, 목적)으로 제시하고 설명하는 모든 시도와 관련된다.

Urteilskraft판단력

칸트에 의하면 개별적인 무언가를 생각하는 능력이다. 즉 어떤 일반적인 것, 하나의 개념 또는 원리의 경우가 그 개별적인 것이다. 형식적으로 판단력은 주로 아리스토텔레스의 프로네시스phrónesis에 해당한다.

Verstand지성/Vernunft이성

칸트는 전통적 모델(라티오ratio/인텔렉투스intellectus)을 비판하며 직관적 사유가 존재한다는 주장을 논박한다. 칸트에 따르면 지성과 이성은 판단과 추론이라는 논리적 능력들처럼 서로 연관되어 있는 반면, 직관은 감각의 문제이다.

옮긴이의 말

철학 담론의 역사에서 '이성'은 가장 중요한 주제 중 하나일 것이다. 오랜 시간 동안 이성은 인간을 다른 생명체와 구별하는 요소로 간주되어 왔다. 임마누엘 칸트에 따르면 인간은 '이성적일 수 있는 동물', 즉 이성을 부여받은, 또는 이성적 능력을 지닌 존재다.

독일 철학의 저명한 대가인 헤르베르트 슈네델바흐는 독일 근대 철학의 전통을 잇는 가운데 이른바 '비판적 이성주의'에 기초하여 언어철학, 사회철학, 인식론, 철학사에 걸친 다양한 철학적 주제를 논구해 왔다. 슈네델바흐는 칸트와 헤겔, 니체 그리고 프랑크푸르트학파의 비판이론가들로부터 지적인 영향을 받았으며, 그의 철학은 특히 이성의 역할과 한계 그리고 비판적 사유의 중요성을 밝히는 데 중점을 두고 있다. 말하자면 독일 관념론과 실존주의, 비판 이론 등의 전통을 바탕으로 이성과 합리성을 심도 있게 탐구해 온 것이다.

슈네델바흐는 이성을 인간의 근본적인 능력으로 이해한다. 그는 저서 『철학자들이 알고 있는 것』^{Was Philosophen wissen}(2012)에서 다음과 같이 말한 바 있다. "사실 이성은 우리의 항상적 특성 중 하나일 뿐만 아니라 철학자들이 말하듯이 인간만이 활용하는 역량이나 '능력'의 총체이다. 그렇지 않으면 우리는 거의 모든 것을 동물과 공유한다." 오늘날 마치 특수한 사유의 층위 또는 정신적 주체인 양 형이상학적으로 들리지만 사실 이성은 "특정한 방식으로 사유하고 행하는 능력인 이성성을 의미할 뿐이다."(『이성』, 7쪽) 우리는 이성을 통해 세계를 이해하고 윤리적 판단을 내리며 사회적 행위의 정당함을 말할 수 있다.

이 같은 이성 이해를 견지하는 가운데 슈네델바흐는 이 책 『이성』에서 고대 그리스부터 현대에 이르는 이성 개념의 변천사를 섬세하게 기술하며 그 개념에 대한 이해가 철학적, 사회적, 역사적 맥락의 흐름 속에서 어떻게 변화해 왔는지를 밝힌다. 슈네델바흐는 처음부터 철학사의 중요성을 줄곧 강조해 왔다. 그에게는 현대 철학의 문제들에 답하기 위해 철학적 사고의 발전사를 이해하는 것이 필수적이다. 철학사와 철학적 용어의 개념사는 단지 과거의 학적 성과에 대한 기록만이 아니라 오늘날의 철학적 논의를 이해하고 발전시키기 위한 중요한 도구가 된다. 『이성』에서 중요한 것은 이성의 개념사를 이성의 문화사에 근거하여 가능한 한 투명하게 밝히는 것이다.

　『이성』에서 탐구되는 이성의 철학적, 개념사적 지형의 범위는 매우 광활하다. 하지만 저자는 서구 역사 전반에 걸친 이성 구상과 개념의 진화 경로를 예리하게 포착하여 유려하게 서술한다. 우선 이성 개념이 고대 그리스 철학에서 어떻게 태동되었는지에 관한 설명이 서두를 장식한다. 이어서 이성이 중세를 거치며 서양철학의 중심 개념으로 상승하는 양상과 근대 철학에서 베이컨과 데카르트, 칸트와 헤겔을 거치며 새롭게 재구성되는 과정을 기술한다. 특히 칸트의 철학에서 이성은 인간의 도덕적, 인식적 능력의 핵심으로 부각되었다. 다른 한편으로 이성은 본격적으로 비판의 대상이 되기도 했는데, 특히 쇼펜하우어와 니체 같은 철학자들은 이성을 절대화하는 자세를 비판하며 서구의 이성 이해에 내재된 한계를 예리하게 지적했다. 20세기 이후의 현대 철학에서는 이성의 탈중심화와 다원화가 이루어졌고, 이성 철학은 이성 개념의 기능화를 통해 합리성 이론으로 이행하여 '다수의 합리성'을 낳았다. 이는 이성이 단일한 보편 개념이 아니라 다양한 문화적, 사회적, 개인적 맥락에서 여러 형태로 나타날 수 있음을 뜻한다. 슈네델바흐는 합리성의 다원성을 인정하면서도 이를 통해 공동의 합리적 원칙과 협력의 기초를 마련할 수 있으며 이성의 역할을 재정립할 수 있다고 여긴다. 그리고 이 모든 이성의 변화와 진화의 역사에 관한 기술은 서론에서 제기된 논제의 증명이 된다. 이성은 이성 비판, 즉 자기비판을 통해 자신의 아포리아를 거듭 극복해 가며 오늘날의 수준에 도달한 것이다. "중요한 것은 이성 자체를 통한 이성 비판"이며, 이성 개념의 역사는 비판의 역사다. "이성은 본질적으로 비판적"이며 "무비판적 이성은 사실상의 비이성"이 되어버린다.(『이성』, 16쪽)

이 책은 이성의 개념사와 함께 이성에 관한 깊이 있는 철학적 논의를 다루고 있기에 철학적 배경 지식을 미처 갖추지 못한 독자에게는 다소 난해할 수도 있다. 슈네델바흐의 논의는 매우 정교하고 체계적이지만 때로는 복잡하고 추상적으로 느껴질 수도 있다. 그럼에도 불구하고 이성에 대한 좀 더 깊이 있는 이해를 추구하는 독자와 연구자들에게 이 책은 매우 가치 있는 저작이 되어줄 것이라 믿는다. 혹여 대가의 저술을 적절히 옮기지 못해 대가를 욕되게 한 것은 아닐까 하는 우려가 들기도 하지만 말이다.

번역 과정에서는 가능한 한 철학계에서 현재 활용되고 있는 최신의 용어들을 채택하려 했다. 특히 칸트 철학의 경우, 한국칸트학회의 번역용어집[1]에서 제안하고 있는 권장 용어를 주로 채택했다. 물론 번역 과정에서 발생한 오류가 있다면 그에 대한 책임은 역자가 져야 할 몫의 짐이다.

2024년 9월 2일

나종석

---

1 — http://www.kantgesellschaft.co.kr/collection/glossary.asp

이성 Vernunft
이성 개념의 변천사

초판 1쇄	인쇄 2024년 10월 4일
초판 1쇄	발행 2024년 10월 17일
지은이	헤르베르트 슈네델바흐
옮긴이	나종석
발행인	이원석
발행처	북캠퍼스
등록	2010년 1월 18일(제313-2010-14호)
주소	서울시 마포구 양화로 58 명지한강빌드웰 1208호
전화	070-8881-0037
팩스	02-322-0204
전자우편	kultur12@naver.com
편집	고정란
디자인	책은우주다
마케팅	임동건
ISBN	979-11-88571-22-2 03160